FASTES DE LA GLOIRE.

COLLECTION DE 50 GRAVURES,

REPRÉSENTANT

DES SUJETS MILITAIRES.

La France couronne les Héros qui se sont signalés pour sa Gloire et son Indépendance.

FASTES DE LA GLOIRE.

COLLECTION DE 50 GRAVURES,

REPRÉSENTANT

DES SUJETS MILITAIRES,

Gravées par Ad. GODEFROY, d'après les Dessins de CHASSELAT,

POUVANT SERVIR D'ATLAS A TOUS LES OUVRAGES MILITAIRES CONTEMPORAINS;

ACCOMPAGNÉES

D'UN PRÉCIS DES GUERRES DE LA RÉVOLUTION JUSQU'EN 1815,

SERVANT DE TEXTE A CES GRAVURES.

PARIS,
RAYMOND, ÉDITEUR.

IMPRIMERIE D'AD. MOESSARD, RUE DE FURSTEMBERG, N.° 8.

Larrey

AVANT-PROPOS.

La gloire militaire a toujours été en France l'objet d'une sorte de culte; mais à l'époque d'une éclatante infortune, le patriotisme français sentit plus que jamais la nécessité de protester contre les outrages de la force, par le spectacle de sa magnanimité dans le triomphe; il opposait vingt-cinq années de victoires à une seule défaite. C'était une éloquente réfutation de ses détracteurs.

Ce fut alors un besoin pour tous les cœurs patriotes de s'entretenir de la gloire du pays. La paix a donné un autre caractère à l'esprit public : l'histoire n'est plus pour nous le chant de Tyrtée; elle ne peut plus être aujourd'hui qu'un noble exemple offert à tous les âges.

Les enfans de ceux qui ont accompli de si grandes choses, et parcouru l'Europe en triomphateurs, doivent avoir sous les yeux les actions de leurs pères. Il faut leur montrer toutes les merveilles que les siècles avaient entassées, dépassées en trente ans; il faut leur dire : Voilà ce qu'ont fait ceux qui vous ont précédés; soyez toujours dignes d'eux, et qu'au jour du danger, la France puisse compter sur votre dévouement, comme elle a compté sur le leur. Après avoir déposé les armes, *la patrie couronne les héros qui se sont signalés pour sa gloire et son indépendance.*

Les Fastes de la Gloire ont donc encore leur utilité.

Les Notices servant de texte à ces Gravures, classées dans l'ordre chronologique, contiennent, tantôt le récit d'une bataille, tantôt le précis d'une campagne; elles sont consacrées à-la-fois aux faits et aux hommes. Il était à-peu-près impossible de leur donner de l'unité; car la France a porté ses armes en tant de lieux différens, qu'on ne pouvait renfermer dans un volume ce qui s'est passé sur un champ de bataille qui commençait aux colonnes d'Hercule et dépassait Moscow.

Cette Collection est gravée par Godefroy, d'après les dessins de Chasselat. Nommer ces Artistes, c'est dire avec quel soin ces Gravures sont exécutées. Ce volume peut servir d'Atlas à tous les ouvrages publiés sur les guerres de la Révolution, jusqu'en 1815.

FASTES DE LA GLOIRE.

Charlet del. — Ad. Godefroy direxit.

LAFAYETTE, Lieutenant Général.

Il s'élança le premier dans une redoute hérissée de canons, et l'enleva à la bayonnette.

I.

L'ancien Monde, courbé sous le poids des vices et des calamités qui accablaient sa vieillesse, retrouva quelque enthousiasme, et tourna les yeux vers ces régions lointaines où semblait commencer une nouvelle époque pour le genre humain. Alors tous les vœux étaient pour la liberté; et ces vœux se manifestaient jusque dans les palais et sur les trônes!

FONTANES.

Le nom de Lafayette, immortalisé par l'indépendance des États-Unis et la régénération de la France, doit être placé en tête des fastes de la gloire française. Il était à peine âgé de dix-neuf ans, lorsqu'un cri de délivrance, parti du rivage américain de l'Atlantique, vint faire battre son cœur pour la liberté. Les revers qui semblaient devoir amener la perte des insurgens, lui parurent un motif de plus pour embrasser la défense de leur cause. Il répondit aux commissaires du congrès qui avaient voulu l'éloigner de cette périlleuse entreprise : « Jusqu'ici je n'avais fait que chérir votre cause; » mais à-présent, je cours la servir : plus elle est tombée » dans l'opinion publique, plus l'effet que peut faire mon » départ sera grand. Puisqu'il vous est impossible d'avoir » un vaisseau, je vais en acheter et en équiper un moi-» même, et je me charge de porter vos dépêches ». Il partit, et bravant les cours de Londres et de Versailles, il arriva bientôt à Charles-Town, où il fut nommé major-général : il accepta le grade; mais il renonça à toute espèce de traitement.

Lafayette justifia bientôt son avancement précoce par une suite non-interrompue d'exploits militaires et de nobles vertus. Blessé à la bataille de Brandewine, il ne continua pas moins à combattre, rallia les troupes au pont de Chester, et battit avec quelques milices un corps considérable d'Anglais et de Hessois. Pourvu d'un commandement en chef dans le Nord, il ne consentit à le conserver qu'à la condition de demeurer subordonné à Washington. Lafayette, avec peu de monde, défendit une vaste frontière, et anéantit chez les Sauvages l'influence de la Grande-Bretagne. En 1778, il dégagea à Barenkil, par l'habileté de ses manœuvres, deux mille indépendans enveloppés par l'armée anglaise. A Montmouth, il commanda l'avant garde et concourut à la victoire. A l'attaque de Rhode-Island, il fit des prodiges de valeur à la tête de l'aile gauche de l'armée de Sullivan. Mais au milieu de tant de gloire, il ne perdait point de vue sa patrie : une commission anglaise s'étant servi d'expressions injurieuses à la France, il envoya sur-le-champ un cartel au président lord Carlisle, qui ne répondit point.

Lorsque les États-Unis eurent été reconnus par Louis XVI, Lafayette repassa en France, où Franklin lui remit, au nom du congrès, une épée sur laquelle le major-général de Washington était représenté blessant le lion britannique, et recevant un laurier de l'Amérique délivrée de ses chaînes. Après avoir obtenu des secours d'hommes, de vaisseaux et d'argent, il repartit pour Boston, où il annonça le corps d'armée de Rochambeau. Pendant la guerre de 1780, il commanda l'avant-garde américaine. Après avoir échappé à la trahison d'Arnold, il fut, en 1781, chargé de défendre la Virginie contre les forces très-supérieures de lord Cornwallis, qui avait dit, en parlant de Lafayette : *Le petit garçon n'échappera pas.* Le petit garçon enlevait les redoutes et prenait ***le vieux renard***, comme dirent les Américains. Un grand coup allait être frappé. L'ennemi était enveloppé de tous côtés; l'attaque avait été long-temps différée; enfin elle eut lieu. Lafayette, qui avait jusqu'alors développé les talens d'un vieux général, montra pendant le combat toute l'ardeur d'un jeune sous-lieutenant : à la tête de l'infanterie légère américaine, il s'élança le premier dans une redoute hérissée de canons, et l'enleva à la bayonnette; les grenadiers français en prirent une autre, et la capitulation d'Yorck-Town, heureux résultat de l'adresse et du courage, décida du sort de cette guerre.

Le général Lafayette partit alors, comblé des bénédictions de l'Amérique; il retourna en France, où il fut accueilli avec un enthousiasme difficile à décrire. La révolution française éclata. On sait quelle fut la renommée que s'acquit le général; tour-à-tour orateur, chef de la milice nationale, à la tête de nos armées, il exerça une haute influence sur les premiers évènemens de notre régénération politique. Ce ne fut que lorsque cette influence fut insuffisante, que l'on vit s'accroître les désordres inséparables d'une vaste commotion politique. Calomnié, il se montra supérieur à la haine; proscrit, il s'éleva au-dessus de sa mauvaise fortune. Les cachots d'Olmutz attestent assez le patriotisme de Lafayette et son attachement aux principes de toute sa vie. Il ne rentra en France qu'après les évènemens du 18 brumaire, et vécut dans la retraite jusqu'en 1815, où l'on le vit reparaître à la tribune législative. Mandataire du peuple, il se montra fidèle à sa mission. La reconnaissance de l'Amérique lui tressait des couronnes, et le voyage du général sur cette terre, qu'il avait arrosée de son sang, est une des plus belles récompenses qui ait jamais été décernée au génie et à la vertu. L'hôte de l'Amérique est revenu dans sa patrie pour y consacrer ses derniers jours à la défense des principes qui font le bonheur et la gloire des nations.

FASTES DE LA GLOIRE.

Chasselat del. Ad. Godefroy direxit.

MENDEMENT Soldat au 6e Régiment de Cavalerie.

« Rendez vous, c'est la cavalerie française qui accourt nous charger. »

II.

Combien sont-ils, combien sont-ils ?
C'est le cri du soldat sans gloire.

A peine la révolution française eut-elle éclaté, qu'une vaste coalition de rois menaça la France. Kellermann la vainquit à Valmy. Bientôt la politique de ces temps de troubles vit dans chaque général victorieux un conspirateur. Custine fut une des plus éclatantes victimes de ce machiavélisme odieux. Il fut remplacé par Houchard.

Condé et Valenciennes étaient tombées au pouvoir des coalisés, dont les avant-postes s'étendaient jusqu'à Péronne et Bapaume. Avec plus d'audace et d'unité dans les vues, ils pouvaient marcher sur Paris, et le succès pouvait alors couronner cette entreprise hardie. Mais chaque puissance était moins occupée du rétablissement des Bourbons que de ses intérêts particuliers. L'Angleterre convoitait principalement Dunkerque, ville qu'elle avait autrefois possédée. L'armée autrichienne se porta sur Maubeuge et le Quesnoy.

Le duc d'Yorck commandait les Anglais, les Hollandais, les Hanovriens et les Hessois, formant plus de soixante mille hommes. Il divisa cette armée en deux corps ; l'un, aux ordres du maréchal Freitag, était chargé de couvrir le siége, tandis que l'autre devait y être employé sous les ordres immédiats du prince. Ces corps commencèrent les opérations du siége le 23 août. Les généraux O'Moran, Duhem et Laroque commandaient la place.

Cependant, Houchard rassemblait son armée, qui n'était encore forte que de quarante mille hommes, et par-conséquent très-inférieure en nombre à l'ennemi ; mais transportée d'ardeur martiale, elle s'effrayait peu du nombre de ses ennemis, et la présence de Carnot, membre du comité de salut public, dont les travaux et les plans ont contribué à nos premiers succès, en immortalisant son nom, exaltait son patriotique dévouement.

Le 6 septembre, au point du jour, les Français attaquent l'armée d'observation du maréchal Freitag. L'avant-garde, commandée par Hédouville, se rend maîtresse de Poperinghe et de deux autres positions. Herzèele, pris, perdu, et repris par le général Jourdan, reste enfin au pouvoir des Français. Houchard, à la tête d'une division, passe l'Yser, attaque Bambecke, Rexpoëde, et enfin Hondscoote, d'où il chasse l'ennemi, après une longue et vive résistance.

Au moment où les bataillons français s'élancent sur les redoutes construites par les coalisés, on demande dans le sixième régiment de cavalerie, des hommes de bonne volonté pour porter à nos soldats des munitions dont ils manquaient. Mandement se présente le premier; il se dirige au galop vers l'infanterie, et arrive près d'elle en criant : « Camarades, avez-vous besoin de cartouches? — Non, répondent ces braves, nous tirerons sur l'ennemi à l'arme blanche ». En se retirant, Mandement aperçoit de l'autre côté d'une haie, dix soldats qui gardaient un drapeau; les prenant pour des Français, il leur crie : « Amis, voilà des cartouches. — Apportez, lui répondent-ils ». Il franchit la haie, et reconnaît les Anglais, qui sautent aussitôt à la bride de son cheval. Alors, feignant de se rendre, il laisse tomber son sac de cartouches, et tandis que les ennemis s'occupent de les ramasser, il tire son sabre, s'empare du drapeau, se fait jour à travers les soldats, et franchit de nouveau la haie. A peu de distance de là, il rencontre le régiment dont il emporte le drapeau, le traverse sous la fusillade et au milieu des bayonnettes; mais ayant tout-à-coup aperçu le colonel, il court droit à lui, et le menace de le sabrer en criant: Rendez-vous, c'est la cavalerie française qui accourt vous charger. A ces mots, l'ennemi effrayé prend la fuite, l'intrépide Mandement jette son drapeau, et entraîne avec lui le colonel, qui est devenu son prisonnier.

Hondscoote était un poste trop important pour que les Français en restassent tranquilles possesseurs. A huit heures du soir, ils y sont assaillis, repoussent une première attaque, sont forcés de céder à la seconde, et se retirent à Bambecke. Le lendemain, Houchard marche de nouveau sur Hondscoote; mais l'ennemi s'y était fortifié, et nos braves troupes sont repoussées avec perte. Le 8 enfin, une action décisive s'engage. Le duc d'Yorck avait réuni et déployé son armée sur un terrain coupé de haies, de fossés et de canaux, qui offrait de grands avantages pour la défense. L'attaque semblait impossible, tant elle présentait de difficultés; l'ardeur et le courage des Français les surmontèrent. Un corps, dont l'indiscipline égalait la bravoure, la gendarmerie à pied de Paris, eut beaucoup de part au succès : elle entre en ligne, ayant le général Leclerc à sa tête, au moment où les Anglais ralliés derrière leur retranchement d'Hondscoote, recommencent un second combat contre les troupes commandées par Houchard. Leclerc et ses gendarmes s'élancent, et attaquent avec une valeur extraordinaire. Deux fois repoussés, ils reviennent deux fois à la charge, et par leur étonnante bravoure, frappent l'ennemi de terreur. Les Anglais prennent la fuite, ou sont massacrés dans leurs retranchemens. Le général Valmodem, qui avait remplacé le maréchal Freitag blessé dans le combat, ordonne la retraite.

Houchard commit la faute de ne point poursuivre l'armée vaincue; il la paya cher. Ce général célèbre, qui avait reçu cinquante-cinq blessures au service de la république, porta sur l'échaffaud sa tête à peine ornée d'un nouveau laurier.

FASTES DE LA GLOIRE.

Chasselat del. Ad. Godefroy direxit.

LATOUR D'AUVERGNE.

« *Qui veut dîner me suive.* »

III.

> Il combattit pendant cinquante années sans autre ambition que de vaincre l'ennemi et de mourir sur un champ de bataille.

Après la mort de Louis XVI, l'Espagne déclara la guerre à la France, en mars 1793. La Tour-d'Auvergne, qui déjà avait secondé dans le Nouveau-Monde les efforts de Washington, fut investi du commandement de toutes les compagnies de grenadiers formant l'avant-garde de l'armée des Pyrénées-Occidentales. Cette colonne, surnommée *l'infernale*, avait presque toujours remporté la victoire, lorsque le corps d'armée se présentait sur le champ de bataille.

La Tour-d'Auvergne déboucha par le col glacé du Portillon; il fit coucher en joue l'ennemi rangé sur la plate-forme d'une église, lui fit mettre bas les armes, et le chassa de la vallée d'Aran, par l'impétuosité de son courage et la rapidité de ses mouvemens.

Les Espagnols, retranchés dans un château crénelé, défendaient l'approche de la montagne de Louis XIV. La Tour-d'Auvergne s'avança sous le feu des redoutes ennemies; il ordonna aux grenadiers de pointer le canon de leurs fusils dans les créneaux, et frappant lui même à la porte à coups de hache, il menaça les assiégés de les brûler s'ils différaient de se rendre : son audace le rendit maître de la place. Devant Saint-Sébastien, situé sur un rocher au milieu de la mer, il se jette dans un esquif avec une pièce de huit : arrivé sous la place, il feint que les Français ont amené toute leur artillerie, et s'écrie qu'il va réduire cette forteresse. Le commandant, ébranlé par cette assurance, lui répond : « Mais, Capitaine, vous n'avez pas tiré un seul coup de » canon sur la citadelle; faites-moi du-moins l'honneur » de la saluer; sans cela, je ne puis vous la rendre ». La Tour-d'Auvergne acquiesce à cette demande; il revient à son esquif et fait jouer la pièce de huit : la place répondit par une grêle de boulets. Un moment après, l'intrépide parlementaire retourne à la citadelle et s'en fait remettre les clefs. Son chapeau et son manteau, qu'il avait l'habitude de tenir sous son bras gauche en combattant, furent vingt fois criblés de balles, et jamais il n'était blessé. « Notre capitaine, disaient les grenadiers, a le don de charmer les balles ».

L'armée française étant en proie à la famine, quelques partis espagnols vinrent étaler aux yeux de nos soldats des vivres et du vin en abondance : une rivière les séparait, et il n'y avait point de bateau pour aborder l'autre rive : « Qui veut dîner me suive, dit La Tour-d'Auvergne ». Il se jette à la nage avec ses grenadiers; ils s'emparent des vins d'Espagne et de tous les mets, et les dévorent gaiement aux yeux des Espagnols.

Un représentant du peuple qui vantait son crédit,

offrit sa protection à La Tour-d'Auvergne : « Vous êtes donc bien puissant? lui dit celui-ci, qui était dans le plus grand dénuement. — Sans doute. — Eh bien, demandez pour moi... — Un régiment? — Une paire de souliers ».

La guerre avec l'Espagne étant terminée, les Anglais s'emparèrent du vaisseau qui ramenait La Tour-d'Auvergne en Bretagne. Ils voulurent le forcer avec d'autres soldats à quitter sa cocarde tricolore. La Tour-d'Auvergne résista seul à force ouverte; il enfila sa cocarde jusqu'à la garde de son épée : « Que celui qui veut la prendre vienne la chercher, s'écria-t-il avec une voix de tonnerre et un regard menaçant ». Les Anglais se gardèrent bien de répondre à un défi aussi énergique.

A son retour des prisons d'Angleterre, on le paya en assignats : il était pauvre, et le papier-monnaie étant tombé en discrédit, ne pouvait lui être d'un grand secours; le ministre de la guerre lui fit offrir quatre cents écus; il ne prit que cent vingt francs, et dit en se retirant : « Si j'ai de nouveaux besoins, je reviendrai ». Il vivait depuis quelque temps dans la retraite, à Passy, consacrant ses loisirs à l'étude, lorsqu'il apprit qu'un ancien ami venait d'être séparé d'un fils unique par la conscription militaire. Il se présente au Directoire, obtient de remplacer le jeune soldat, se rend à l'armée du Rhin, et renvoie le fils à son père : La Tour-d'Auvergne avait alors cinquante-trois ans. Il fut tué d'un coup de lance au combat de Neubourg, où quelques divisions de l'armée de Moreau soutinrent seules l'effort des Autrichiens. Les grenadiers à la tête desquels il marchait toujours, lui rendirent les derniers devoirs au lieu même où il avait reçu le coup mortel. Au moment où ses restes, recouverts de feuilles de chêne et de laurier, furent déposés dans la tombe, un grenadier, retournant son corps, s'écria : « Il faut le placer comme il était de son vivant, faisant toujours face à l'ennemi ». Le cœur de La Tour-d'Auvergne fut confié à la garde du quarante-sixième régiment; et ce n'était pas sans émotion que long-temps après la mort de ce guerrier illustre, qui rappelait les traits et le caractère du grand Turenne, son aïeul, on entendait encore à chaque appel proclamer son nom. Le grenadier chargé de ce précieux dépôt, répondait : LA TOUR-D'AUVERGNE EST MORT AU CHAMP D'HONNEUR; MAIS SON CŒUR BAT DANS LE SEIN DE TOUS NOS GRENADIERS.

FASTES DE LA GLOIRE.

Chasselat del. — Ad. Godefroy direxit

DELBREL, Soldat Député.

Camarades, leur dit-il, demain nous pleurerons la mort du brave Dugommier, aujourd'hui nous devons la venger. » » » » » » » » » » » » »

IV.

Il est mort; mais il a vaincu!

Pendant que l'armée des Pyrénées-Occidentales était chaque jour témoin des hauts-faits de La Tour-d'Auvergne, celle des Pyrénées-Orientales soutenait sa brillante réputation. Elle chassait les Espagnols qui inondaient le Roussillon, et venait bloquer Bellegarde. C'était la dernière des places de France livrées par la trahison qui restât à reprendre. L'armée française, qui avait déployé ses camps sur le revers des montagnes, en face de la Catalogne, bloquait étroitement cette place. Vainement le comte de La Union, à la tête de soixante mille hommes, avait essayé d'empêcher cette ville de capituler; vainement une garnison de quinze mille hommes la défendait; il fallut enfin se rendre à discrétion. Dugommier voulut, par cette condition sévère, punir la mauvaise foi et humilier l'orgueil du comte de La Union.

Trois jours après l'occupation de Bellegarde, le général espagnol tenta un mouvement pour reprendre cette place; mais il fut repoussé avec une perte considérable. Après cet effort infructueux, il prit position entre cette ville et Figuières. Son armée occupait un espace de cinq lieues, et plus de quatre-vingt-dix redoutes, qui, placées sur des hauteurs, formaient depuis Saint-Laurent de la Mouga jusqu'à la mer, plusieurs lignes de défense impénétrables. Un vaste camp retranché soutenait le flanc gauche des Espagnols, et s'appuyait lui-même sur le fort de San-Fernando de Figuières. L'ennemi se croyait inattaquable. Mais l'armée française est accoutumée à accomplir des prodiges : Augereau emporte les redoutes sur la droite de la Mouga; le centre résiste seul. Le lendemain, l'action s'engagea de nouveau.

Le général Augereau marcha contre la gauche des Espagnols, ralliés par le général Courten; en-même-temps les autres divisions se portent en avant avec courage. Au milieu de ce mouvement, qu'il considère avec attention, le général Dugommier fut renversé d'un éclat d'obus : quoique sa tête fût fracassée, il conserva encore sa présence d'esprit : prudent jusqu'à son dernier soupir, il dit aux officiers qui l'entouraient : « Faites en sorte de cacher ma mort à nos soldats, afin » qu'ils achèvent de remporter la victoire, seule con- » solation de mes derniers momens ». Il expira en prononçant ces mots. A ce moment, Delbrel, soldat député, faisait dans une de nos batteries le service de canonnier; il ranima par ses discours le courage abattu des officiers et des soldats : « Camarades, leur dit-il, » demain nous pleurerons la mort du brave Dugom- » mier; aujourd'hui, nous devons le venger ».

Le lendemain, le représentant Delbrel fit creuser, au milieu de la forteresse de Bellegarde, le tombeau qui devait recevoir la dépouille de Dugommier. La pompe eut lieu avec tout l'appareil que méritaient les éclatans services que ce général avait rendus à la patrie. Un arbre de la liberté indiqua la dernière demeure du héros, que la France avait justement surnommé LE LIBÉRATEUR DU MIDI.

Deux fils de Dugommier le suivaient dans ses campagnes; ils combattaient à ses côtés. Le second étonna souvent les plus intrépides par des coups d'audace qu'on ne pouvait voir sans frémir pour sa vie. Ce général devina le génie naissant de Bonaparte. On raconte que l'accompagnant un jour au comité de la guerre, il dit : « Je vous présente un jeune officier » du plus grand mérite; il ira loin. Représentans, » que ce jeune homme fixe votre attention; car si » vous ne l'avancez pas, je vous réponds qu'il saura » bien s'élever lui-même ».

FASTES DE LA GLOIRE.

Chasselat del. | Ad. Godefroy direxit.

BEAUFORT-DE-THORIGNY, Général de Division.

Soldats s'écrie-t-il, laisserez-vous prendre le panache de votre général.

V.

Au moment du danger, les généraux français sont toujours à l'avant-garde.

Après que Dugommier eut été frappé du coup mortel, le général Pérignon prit le commandement de l'armée. La nuit interrompit l'action; elle ne fut reprise que le surlendemain. L'armée, impatiente de venger le général qu'elle chérissait, fit tout ce qu'aurait fait celle de Turenne, si l'on lui eût permis de suivre les inspirations de son courage et de la douleur. Jamais on ne vit d'attaques plus hardies, des soldats plus héroïques, des mouvemens plus rapides et plus habilement combinés. Bientôt la gauche de l'ennemi est mise en déroute; le centre et la droite ne sont pas ébranlés. Cinquante mille hommes, abrités par des forêts et des retranchemens qui semblent inexpugnables, font pleuvoir autour d'eux la mitraille et les boulets; pour les aborder, il faut franchir un pont sous le feu croisé de deux cents pièces d'artillerie. Le général Beaufort de Thorigny veut tenter ce passage; mais, à l'approche du danger, les troupes montrent de l'hésitation. Cependant le moindre retard peut compromettre le sort de notre armée, et le gain de la bataille ne peut être assuré que par un coup d'éclat : « En avant! commande Beaufort ». En-même-temps il pousse son cheval sur le pont, et y lançant son chapeau de toutes ses forces : « Soldats! s'écrie-t-il, laisserez-vous prendre le panache de votre général? » Aussitôt tous se précipitent au pas de course : l'artillerie légère, commandée par le brave général Guillaume, décide le mouvement; un bataillon du Gard, guidé par l'intrépide Villaret, cherche à le devancer; le pont est franchi, et le chapeau repris par le grenadier Boyer, du même bataillon.

Parvenu de l'autre côté, Beaufort résolut de charger la cavalerie espagnole qui était rangée en bataille; mais à la vue des escadrons de l'ennemi, le désordre se met dans nos rangs : au milieu du fracas et de la confusion, occasionnés par la détonation des bouches à feu, il n'est plus possible de rien entreprendre; les chefs des différentes armes se contrarient entre eux dans leurs commandemens. Ainsi, tandis que d'un côté le général Dugua, refusant de donner avec sa cavalerie, ne cesse de crier : *En avant l'artillerie légère!* de l'autre, l'adjudant-général Miquel-Ferrier, commandant les canonniers, ne se lasse pas de répéter : *En avant la cavalerie!* Dans un tel désordre, tout semblait perdu. Le commandant Villaret seul avait su maintenir son bataillon; Beaufort dirigea cette troupe vers la redoute. Les généraux Quesnel et David, après avoir balayé les flancs de la division, dispersèrent les postes qui protégeaient la redoute. Les Espagnols, craignant qu'on ne leur coupât la retraite, abandonnèrent leurs retranchemens.

A gauche, à droite, au centre, sur les derrières, partout nos attaques réussirent au-delà de nos espérances. La dispersion de l'ennemi fut telle, que la réunion de ses troupes ne put s'effectuer que bien longtemps après cette déroute extraordinaire. Outre leur général en chef, le comte de La Union, les Espagnols perdirent d'autres généraux. Dix mille des leurs restèrent sur le champ de bataille, huit mille furent faits prisonniers; on leur enleva trente-huit pièces de canon, deux drapeaux, et des tentes pour douze mille hommes. On fit sauter les redoutes, dont l'explosion contribua à augmenter la terreur et la confusion des troupes ennemies. Cette célèbre journée est connue sous le nom de BATAILLE DE LA MONTAGNE-NOIRE.

La forteresse de Figuières, chef-d'œuvre de Vauban, l'une des plus belles et des plus fortes de l'Europe, renfermant plus de deux cents pièces de canon, et une garnison de dix mille hommes, abondamment pourvue de tout ce qui pouvait contribuer à sa défense, se rendit aux Français, sur la simple sommation du général Pérignon. Cette conquête, d'une haute importance, fut le dernier exploit de l'armée dans la campagne de 1794.

FASTES DE LA GLOIRE.

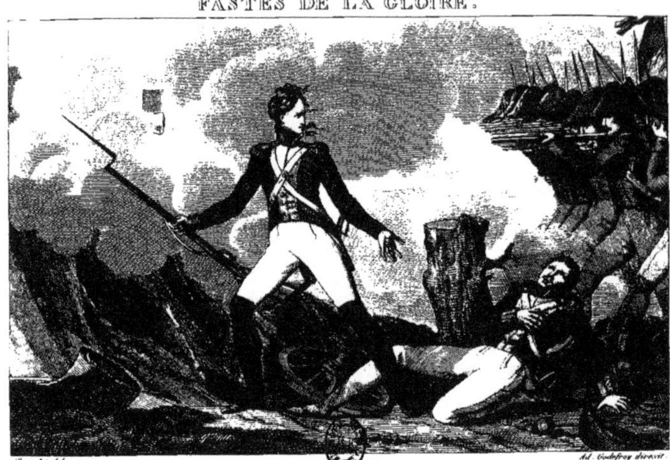

Chasselat del. Ad. Godefroy direxit.

BARREAU (*Alexandrine*) Grenadier dans le 2e Bataillon du Tarn.

« Avant de vous secourir, il faut que je vous venge, s'écrie-t-elle alors. »

VI.

Ces époux sont unis par un triple lien :
l'amour, l'hymen et la victoire.

A l'armée des Pyrénées-Occidentales, de belles combinaisons, des mouvemens exécutés avec une rare précision, des exploits pleins d'audace, de brillans succès à Elosna, à Irursun et Aizcorbe, signalaient l'habileté du général Moncey. La conquête des positions les plus formidables de l'armée commandée par le général Crespo; cette armée poursuivie sans relâche par nos troupes, l'occupation du col d'Ollaregny, le combat et la prise de Vittoria, de Bilbao, où nous trouvâmes des magasins immenses; la soumission des provinces de Biscaye et d'Aleva, Pampelune menacée d'un siége, donnèrent aux opérations de cette portion de notre armée, un éclat que n'avaient point les derniers travaux de celle dont Dugommier et Pérignon avaient si habilement dirigé l'enthousiasme.

Déjà nous avons montré nos braves guerriers supportant avec courage les horreurs de la famine, et mettant une sorte de gloire à marcher sous les auspices de La Tour-d'Auvergne, en traversant un fleuve, à la conquête d'un dîner. Il nous reste à parler d'un nouveau genre de dévouement.

L'Histoire qui nous a transmis les noms de Jeanne-Hachette et de Jeanne-d'Arc, ne sera pas moins juste envers Alexandrine Barreau. Cette femme dont le courage, exalté par le plus ardent amour de la patrie, fit l'admiration de nos guerriers républicains, sera long-temps citée comme un modèle de bravoure et d'intrépidité. Alexandrine voulant partager la gloire et les dangers de son mari Leyrac, et de son frère, tous deux grenadiers dans le second bataillon du Tarn, échange contre l'uniforme militaire les vêtemens de son sexe, et se rend à l'armée des Pyrénées-Occidentales, où elle se signala bientôt par des prodiges.

Le 13 août 1793, le second bataillon du Tarn reçoit l'ordre d'attaquer la redoute d'Alloqui, défendue par une nombreuse artillerie et des retranchemens formidables. L'ennemi oppose une vigoureuse résistance : Alexandrine combattait auprès de son mari et de son frère; ce dernier est blessé mortellement, et Leyrac est atteint d'une balle; ce double malheur enflamme le courage de l'héroïne. « Avant que de vous secourir, » il faut que je vous venge ! s'écrie-t-elle alors ». Au même instant, elle se précipite hors des rangs, et s'élance la troisième dans les retranchemens; la redoute est emportée. Alexandrine n'en continue pas moins à poursuivre l'ennemi; dix-neuf cartouches qui lui ont été remises avant l'action sont déjà épuisées, et elle a lâché son dernier coup de fusil, lorsqu'un Espagnol, s'avançant contre elle avec fureur, veut la saisir corps à corps ; mais elle l'évite adroitement, lui fend la tête d'un coup de sabre, s'empare de sa giberne, vole à de nouveaux exploits, et ne quitte le champ de bataille que lorsqu'il a retenti des cris de la victoire. Entourée d'ennemis morts ou blessés, Alexandrine peut se dire avec orgueil : « J'ai vengé mon mari et mon frère ».

De retour dans les retranchemens, elle accourt auprès de son époux, panse sa blessure, le porte avec ses braves frères d'armes à l'hospice militaire, lui prodigue tous les soins que lui suggère la tendresse conjugale; enfin elle est assez heureuse pour le rappeler à la vie, et aussitôt qu'il est guéri, elle rejoint avec lui son bataillon.

FASTES DE LA GLOIRE.

Chasselat del. *Ad. Godefroy direxit.*

MARCEAU, Commandant en chef l'armée de l'Ouest.

La jeune vendéenne s'élance et tombe expirante aux pieds du général Marceau. « Sauvez-moi, s'écrie-t-elle. »

VII.

En France, l'héroïsme est de tous les partis.

La guerre civile faillit étouffer la République à son berceau : la levée des trois cent mille hommes fit soulever la Vendée. De toutes les plaies de la France, ce fut la plus profonde et la plus dangereuse. Les Vendéens combattirent dans les provinces de l'ouest, comme l'élite de nos soldats combattait sur la frontière. A Torfou, ils parviennent à changer en un revers la victoire qu'avaient d'abord obtenue les Mayençais, commandés par Kléber; à Saint-Fulgent, ils triomphent encore; bientôt ils sont défaits à Châtillon et à Chollet. Le passage de la Loire est résolu; mais auparavant, il faut offrir un holocauste sanglant à la guerre civile : cinq mille soldats républicains vont être égorgés; Bonchamps, mortellement blessé, ordonne qu'on les laisse vivre. Ce fut le dernier commandement qu'il fit à son armée. La fortune semble encore sourire aux Vendéens; mais bientôt elle les accable par un retour désastreux. A la terrible bataille du Mans, le courageux Marceau commence leur ruine, qui vint bientôt compléter la déroute de Savenay, où tous les chefs vendéens périrent ou furent dispersés.

De part et d'autres avaient éclaté l'héroïsme et l'intrépidité. La Roche-Jacquelin, Bonchamps, d'Elbée, Lescure, Charrette, Sapinaud, Dessessarts, La Cathelinière, Scépaux, d'Autichamp, Fleuriot de la Fleuriaye, Stofflet, Cathelineau, avaient créé, dirigé ces armées de paysans accourus sur le champ de bataille au nom de Dieu et du Roi. Dans le parti contraire, on vit à la tête des enseignes républicaines Canclaux, Lygonnier, Coustard, Menou, Kléber, Thureau, Grouchy, Bard, Duhoux, Chalbos, Salomon, Brière, Marceau, Mieskouski, Chambertin, Boucret, Muller, Beaupuy, Tilly, Lechelle, Westermann, Berruyer, Rossignol.

Au combat de Torfou, Kléber voit son armée en péril; il fait mettre en batterie deux pièces de canon, appelle Schouardin, qui commandait le bataillon des chasseurs de Saône-et-Loire, et il lui dit : « Arrête l'ennemi devant ce ravin; tu te feras tuer et tu sauveras tes camarades ». — Oui, mon général, répond cet officier : il alla occuper le poste avec cent hommes, se fit tuer avec eux, et l'armée fut sauvée.

Dans la Vendée, les femmes rivalisaient de courage et d'audace avec les hommes, et combattaient à côté d'eux. Après la bataille d'Antrain, l'une d'elles, belle comme ces divinités qu'Homère représente le casque en tête et la lance à la main, poursuivie par des soldats, accourt effrayée, la pâleur sur le front, les cheveux en désordre, et tombe expirante aux pieds du général Marceau : « Sauvez-moi ! s'écria-t-elle ». Le jeune Marceau la couvre de son manteau; il écarte tous ceux qui voudraient lui faire insulte, et la confie à une famille vertueuse. Il faillit payer de sa vie cet acte d'humanité : on épargna sa tête; mais l'intéressante Vendéenne qu'il avait sauvée, fut arrachée de sa retraite et condamnée à périr sur l'échafaud. En allant au supplice, elle plaça sur ses lèvres une rose artificielle dont un jour la main de son libérateur avait orné sa belle chevelure; lorsque le bourreau montra sa tête après l'avoir tranchée, ses lèvres décolorées pressaient encore cette rose : à ce spectacle, la multitude poussa un long cri d'horreur. Marceau, qui n'avait pu sauver la jeune Vendéenne, avait voulu partager son sort. Ses amis n'étaient parvenus qu'avec beaucoup de peine à l'éloigner de cette infortunée, dont l'image ne cessa jamais d'être présente à ses yeux, et dont il ne parlait jamais sans verser des larmes.

FASTES DE LA GLOIRE.

Chasselat del. Ad. Godefroy direxit

Le Comte RAMPON, Colonel.

Le Colonel étend la main sur ses canons, et tout couvert du feu des assaillans, il jure, et fait jurer à ses soldats, de s'ensevelir sous la redoute, plutôt que de se rendre.

VIII.

> Vous rentrerez dans vos foyers, et vos concitoyens diront, en vous montrant *Il était de l'armée d'Italie !*
>
> BONAPARTE.

Les diverses campagnes des républicains français contre l'Italie, avaient été marquées par quelques succès suivis de revers. Les Alpes étaient franchies, et cependant une malheureuse hésitation semblait annoncer qu'on craignait d'entreprendre la conquête de ce beau pays. Confinée dans les rochers de la Ligurie, l'armée, manquant de vivres et de munitions, languissait dans une position fausse et dangereuse. Sortie pour un moment de l'inaction, elle y était aussitôt rentrée; le repos l'avait affaiblie, l'indiscipline allait l'anéantir.

L'Autriche, vaincue à Loano, renouait le fil de ses trames brisées; une nouvelle coalition des souverains d'Italie menaça de nouveau la France. Beaulieu fut nommé en remplacement de Dewins, battu à Loano. Ce guerrier, septuagénaire, avait une grande réputation de bravoure et de prudence. Il voyait prêts à se réunir sous ses ordres environ deux cent mille hommes; en marchant au combat, il crut marcher à la victoire.

Le Directoire venait de remplacer Schérer. Il opposait à un vieux tacticien un jeune général de vingt-six ans, qui s'était distingué au siége de Toulon, et avait montré de la résolution et de l'énergie dans les *journées de vendémiaire*. Ce jeune homme devait être le plus grand capitaine de son siècle: c'était Bonaparte.

Le nouveau général en chef arriva au quartier-général de Nice le 20 mars 1796. Tout languissait à son arrivée, tout reprit aussitôt la vie; il rétablit la discipline oubliée, et fut idolâtré du soldat. Ses premières paroles furent austères, grandes, sublimes. Ses proclamations étaient des hymnes de triomphe. « Camarades! s'écria-t-il, vous manquez de tout au milieu de ces rochers : jetez les yeux sur les riches contrées qui sont à vos pieds, elles nous appartiennent; allons en prendre possession ».

L'armée française se montait à trente-quatre mille hommes. Elle était de beaucoup inférieure en nombre à celles que la ligue avait mises en mouvement au-delà des Alpes. Le général ennemi pensa qu'il n'avait pas besoin d'attendre la réunion des forces de ses alliés pour l'attaquer. Il espérait chasser les Français des conquêtes qu'ils avaient faites dans l'État de Gênes, leur faire repasser les Alpes, et de là se précipiter sur le comté de Nice, qu'il supposait ennemi du joug français, et pénétrer dans les contrées méridionales de la France. L'armée piémontaise se tenait prête à seconder ses mouvemens.

Bonaparte, pressentant les dispositions de l'ennemi, réunit la principale masse de ses forces vers le mont San-Giacomo, depuis Altare jusqu'à Montenotte. Beaulieu disposa ses troupes sur une ligne trop étendue, de sorte que son centre, où se trouvaient les généraux Argenteau et Provera, était trop faible et trop disséminé pour lutter avec les troupes réunies que commandaient les généraux Laharpe, Masséna et Augereau, entre San-Giacomo, Cadibona et Savone.

Le 20 germinal (9 avril 1796), il se porta sur Voltri, que le général Cervoni, de la division de Laharpe, fut forcé d'abandonner avec ses trois mille hommes. Le général Beaulieu rétablit de la sorte ses communications avec la mer, en interceptant celles des Français avec Gênes. Tandis qu'il se rapprochait ainsi des bords de la mer, Bonaparte se dirigea vers le centre de l'ennemi. Beaulieu sentit la faute qu'il avait faite; mais il était trop tard.

Le général Argenteau, d'après les ordres de Beaulieu, s'était dirigé, avec environ douze mille hommes, vers les hauteurs de Montenotte et de Monte-Legino, pour attaquer la gauche de la division Laharpe. Il commença son attaque le 11 avril, à quatre heures du matin. Plusieurs redoutes des Français sont emportées. Le général Rocavina arrive à une heure après midi devant la redoute de Monte-Legino, commandée par l'intrépide colonel Rampon. Les Autrichiens s'avancent pour l'enlever. Rampon n'a avec lui que douze cents hommes, pour lutter contre un ennemi quinze fois plus nombreux : il fait aussitôt jurer à ses braves de mourir tous dans la redoute avant d'y laisser pénétrer les assaillans. Lorsque, après avoir abattu sous leur feu de longues files d'Autrichiens, ils voient ceux-ci arriver jusqu'au pied du retranchement, dans un nouvel élan d'enthousiasme, ils répètent unanimement : *Mourons tous dans la redoute!*

Bientôt les munitions leur manquent; il leur reste leur baïonnettes. Pressés les uns contre les autres, ils opposent un rempart de fer aux attaques répétées des Autrichiens, qui, lassés enfin par tant de courage et de constance, abandonnent l'attaque, qu'ils avaient prolongée bien avant dans la nuit.

Bonaparte avait compté sur la résistance de ces braves : il met à profit leur inébranlable intrépidité pour développer son plan de bataille. Par ses ordres, la division Laharpe vient se placer derrière la redoute si vaillamment défendue, pendant que le général Masséna se disposait à tomber sur les derrières de l'armée Austro-Sarde. Le 12, à la pointe du jour, le général Laharpe tourne les Autrichiens postés devant la redoute. Argenteau se défend avec vigueur; le succès est encore incertain, lorsque Masséna attaque l'ennemi avec impétuosité, et le culbute successivement sur tous les points. Argenteau et Rocavina sont blessés. Quinze cents morts, deux mille cinq cents prisonniers sont le résultat de cette journée.

Battu à Montenotte, à Millesimo, à Dego, Beaulieu mis en pleine retraite, se retira sur Tortone, laissant l'armée piémontaise en butte aux attaques de l'armée française toute entière, qui avançait toujours.

FASTES DE LA GLOIRE.

Chasselat del.

Ad. Godefroy direxit

AUGEREAU, Général de Division.

Il s'empare du drapeau et passe le premier sur le pont d'Arcole.

IX.

D'Arcole et de Lodi les terribles soldats,
Tous ces jeunes héros, vieux dans l'art des combats;
La grande nation à vaincre accoutumée,
Et le grand général guidant la grande armée!

CHÉNIER.

Les Autrichiens venaient de lancer une nouvelle armée pour nous disputer l'Italie; ils espéraient nous forcer à lever le siége de Mantoue : Alvinzi s'avance à leur tête; il tente de faire sa jonction avec Davidowich, et les Français se concentrent sur l'Adige. La retraite semblait désormais la seule ressource qui leur restât; ils étaient menacés de perdre leur conquête; mais Bonaparte est prêt à frapper un de ces coups qui annoncent que son génie ne connaît point d'obstacle. Il dirige ses troupes sur l'Adige, et l'on les vit à Ronco, passer cette rivière le 15 novembre 1796, à deux heures du matin. Augereau, à la tête de sa division, se dirigea sur Arcole; Masséna, prenant à gauche, se dirigea sur Porcil. Cette marche hardie n'avait d'autre but que d'attaquer l'ennemi par ses flancs et sur ses derrières. Bonaparte, quelle que fût l'infériorité de ses forces, pouvait beaucoup sur ce point, où il n'était pas attendu.

Le village d'Arcole est situé au milieu d'un marais vaste et profond, coupé dans tous les sens par des canaux et des ruisseaux. Plusieurs digues ou chaussées facilitent les communications : les principales sont, à droite, celle qui mène de Ronco à Arcole, et celle qui à gauche conduit à Porcil et à Caldiero, où elle aboutit à la route de Vérone à Vicence. La première est coupée par l'Alpon, que l'on passe sur un pont de bois étroit et élevé, au-delà duquel sont quelques maisons. L'ennemi avait crénelé ces maisons. Le pont d'Arcole, sur l'Alpon, était défendu par du canon et barricadé. Là s'établit véritablement le point de la bataille. Bonaparte sentait combien il était important pour lui de forcer ce pont en un instant; une longue résistance faisait avorter tout son projet.

Masséna avait culbuté les avant-postes ennemis; mais Augereau trouve une résistance formidable. Les maisons crénelées en avant du pont vomissaient un feu terrible. Les grenadiers français, impatiens de franchir ce pont, se précipitent plusieurs fois au pas de charge pour l'emporter; ils sont repoussés par deux fois. Augereau va montrer l'exemple de l'intrépidité : il se saisit d'un drapeau, marche en avant, et va le planter sur la digue à l'entrée du pont : les troupes s'élancent pour un troisième choc; mais leur impétuosité échoue encore. Bonaparte, impatient de renverser les obstacles qui lui sont opposés, met pied à terre, et espérant électriser les soldats par son exemple, vient se placer à leur tête un drapeau à la main; il les guide pour un quatrième assaut, et court avec eux affronter la mitraille et les balles. Presque tous les officiers qui l'entourent sont tués ou blessés; les premiers pelotons disparaissent foudroyés; la division Augereau fait un mouvement rétrograde : le petit nombre d'officiers qui restaient encore près du général Bonaparte, le pousse sur le revers de la digue, pour le mettre à l'abri d'une épouvantable mousqueterie. L'ennemi, débouchant alors, poursuit nos troupes en retraite sur la digue, et dépasse de beaucoup le général en chef. Dans ce pressant danger, l'adjudant-général Belliard rallie les grenadiers, fond sur les Autrichiens, sauve Bonaparte, et reprend les positions. Ce fut la dernière tentative de la journée; il fallut renoncer à forcer le passage.

Après deux jours de combats sans résultat définitif, Bonaparte, plus faible par le nombre d'hommes, usa d'un stratagême qui lui réussit. Augereau s'était avancé sur la gauche des Autrichiens; cette gauche se trouvait couverte par un marais qu'on ne pouvait essayer de tourner sans les plus graves inconvéniens. Bonaparte fait tourner le marais par vingt-cinq guides. Cette manœuvre eut un plein succès; surprise, épouvantée de la présence imprévue d'un corps de cavalerie qu'elle croyait considérable, l'armée ennemie montra de l'hésitation; le général Augereau, profitant de ce mouvement, se précipita aussitôt sur les Autrichiens. Ils ployèrent. Ils se retiraient cependant sans confusion et sans désordre, quand la garnison de Porto-Legnano les attaqua; alors ils accélérèrent leur retraite. A ce moment, Masséna attaque le centre et marche sur Arcole. Le désordre se met dans l'armée ennemie; pressée, culbutée de toutes parts, elle se débande, elle fuit, elle ne s'arrête qu'audelà du village de San-Bonifacio : les Français vainqueurs la poursuivent jusque là. Alvinzi était défait; il se retira sur Montebello, pour gagner Vicence. La bataille d'Arcole, célèbre entre toutes les batailles qui annonçaient le génie de Bonaparte, reprise à trois fois différentes, dura soixante-douze heures. Les Français avaient pris quatre drapeaux et dix-huit pièces de canon; cinq mille prisonniers tombèrent en leur pouvoir. Les généraux français avaient donné les plus grandes preuves d'héroïsme. Lannes fut blessé à la tête à l'attaque du pont.

Bonaparte, qui ne se reposait pas même après la victoire et au milieu des solennités du triomphe, parcourait le lendemain les postes avancés. Il trouve sur ses pas une sentinelle endormie, lui prend son fusil, et fait la faction. Le soldat se réveille; il voit et reconnaît son général : dans son trouble, il s'écrie : « *Bonaparte! je suis perdu.* — Rassure-toi, répond le général; après tant de fatigues, il est bien permis à un brave comme toi de s'endormir; mais une autre fois, choisis mieux ton temps ».

FASTES DE LA GLOIRE.

Chasselat del. Ad. Godefroy direxit.

GUIDES du Général en chef Bonaparte.

A Arcole, vingt-cinq de ces braves chargèrent contre l'armée ennemie et ramenèrent la victoire sous nos étendards.

X.

Quand ils sonnent la charge, ils sonnent la victoire!

Après la mémorable bataille de Castiglione, l'armée française poursuivit sans relâche, pendant dix-sept jours consécutifs, l'armée autrichienne commandée par le général Wurmser, d'abord dans les gorges du Tyrol, puis dans le canal de la Brenta. En arrivant devant Bassano, notre avant-garde rencontra l'ennemi et l'attaqua avec son ardeur ordinaire : le général Bonaparte marchait toujours à la tête de nos troupes. Wurmser s'était réfugié dans la ville avec les débris de son armée ; se voyant vivement poursuivi par nos braves, il prit la fuite. Heureusement pour lui, notre cavalerie n'était pas encore arrivée; le premier régiment de hussards était resté en arrière, à cause de la fatigue de ses chevaux. Notre infanterie se mit à crier : « En avant la cavalerie ! en avant la cavalerie ! Wurmser est dans Bassano ». Aussitôt douze Guides et un officier, qui formaient toute l'escorte du général Bonaparte, se précipitent, sans calculer le danger, sur deux bataillons de grenadiers croates, qui formaient l'arrière-garde de l'armée autrichienne, et leur font mettre bas les armes. Le général en chef, pénétré d'estime, leur témoigna hautement sa satisfaction.

Ce corps d'élite s'immortalisa pendant les guerres d'Italie : Lodi, le Mincio, Borghetto, Vallegio, Lonado, Rivoli, la Piava, et cent autres lieux célèbres par nos triomphes, virent les Guides se couvrir de gloire, et s'illustrer par d'éclatans faits d'armes.

A Arcole, ils firent des prodiges de bravoure. Le général en chef avait demandé vingt-cinq Guides pour un coup de main; la compagnie entière se porta en avant : ils étaient tous de bonne volonté, quand il s'agissait de donner à la patrie des preuves de leur amour et de leur inviolable attachement. Bonaparte les harangua, pour leur prouver combien il était satisfait de leur dévouement, et comme il ne jugeait pas à propos d'employer tout le monde, il ordonna de prendre par la tête de la compagnie. Le maréchal-des-logis Bernichon, le brigadier Lorti, les guides Ozel, Carnier, Charles, Pardon, Fonade, Lamonta, Souchon, Langlais, Mestier, Maugé, Duclos, et le trompette Bonnet, étaient du nombre des élus. Ils partirent sous le commandement du maréchal-des-logis Hercule, prirent l'ennemi par sa gauche, après avoir passé sur des fascines un ruisseau qui les en séparait. Arrivés aux avant-postes, le trompette sonna la charge : les vingt-cinq Guides tombèrent aussitôt sur les Autrichiens, sabrèrent tout ce qui se trouvait devant eux, les mirent en fuite, et préparèrent ainsi les succès de la division

Masséna, qui s'ébranla tout-à-coup, et vint achever la déroute de l'ennemi. Secondés par quelques fantassins, les Guides poursuivirent les fuyards à plus d'une lieue du point où l'attaque avait commencée. Ils perdirent dans cette charge brillante plusieurs de leurs braves camarades; mais leur mort fut vengée par la victoire la plus complète. Il était beau de mourir ce jour là.

On ne donnait à cette époque ni décorations, ni sabres d'honneur. La République cisalpine, voulant récompenser le dévouement de ces intrépides soldats, dont le courage avait décidé du gain de la bataille, la plus opiniâtre qui ait jamais été donnée, décréta qu'il leur serait compté à chacun une gratification de six cents francs. Une telle récompense ne convenait pas à une si noble action. Dans l'antiquité, une couronne de chêne eût payé la dette de la patrie. La conscience d'avoir fait son devoir suffit toujours au cœur d'un brave. La gloire! voilà ce qu'il aime; mais la République cisalpine n'avait que de l'or à donner.

FASTES DE LA GLOIRE.

Ad. Godefroy direxit.

GORIS, Chef-de-Bataillon.

« Soldats, je suis devant vous. »

XI

Les chefs et les soldats rivalisent d'ardeur.

Bonaparte venait de clore sa glorieuse campagne d'Italie par la signature des préliminaires de Léoben. Un armistice entravait les opérations des deux armées françaises sur le Rhin. Elles se mirent en mouvement, et leurs opérations eurent une grande part dans la conclusion de la paix qu'on hésitait encore à signer.

Moreau et Hoche se disposèrent à passer le Rhin le même jour, à Kehl et à Neuwied, afin de diviser l'attention et les forces de l'ennemi. Toutefois, le passage de l'armée de Sambre-et-Meuse précéda celui de l'armée de Moreau. Hoche, qui la commandait, avait employé toute son activité et toute sa vigilance pour la mettre en état d'obtenir des succès. La bataille de Neuwied s'engagea le 18 avril 1797, dès huit heures du matin, et fut gagnée par les Français. Cette journée coûta aux Autrichiens près de six mille hommes, tués, blessés ou faits prisonniers, sept drapeaux, vingt-sept pièces d'artillerie, et une immense quantité de chariots et bagages. Hoche développa dans cette circonstance de grands talens; son infatigable activité semblait le porter à-la-fois sur tous les points pour exalter l'enthousiasme du soldat, et veiller à l'ensemble des mouvemens de l'armée.

L'armée de Rhin-et-Moselle, restée sous les ordres de Moreau, et forte de soixante mille hommes, ne put commencer son mouvement, pour le passage du Rhin à Kehl, que dans la nuit du 19 au 20 avril; le général Starray commandait l'armée autrichienne qui nous était opposée; ses forces étaient de beaucoup inférieures aux nôtres; mais il pouvait en-même-temps être soutenu par le corps d'armée du général Latour, qui se tenait sur le Haut-Rhin; et les Français, pour reprendre l'offensive, étaient obligés de forcer le passage de ce fleuve. Les dispositions pour ce passage avaient été si bien prises, et les soldats français développèrent tant de courage et de persévérance dans l'exécution, que le succès fut complet. Dès le 20, l'ennemi avait été chassé de Honau et battu à Diersheim, où le combat avait été très-acharné. Au fort de l'action, et dans le moment le plus critique, le général Moreau ayant placé le commandant Goris à la tête de son bataillon en avant de Diersheim, lui ordonna de tenir jusqu'à la dernière extrémité, afin d'empêcher l'ennemi de tourner le village. A peine Goris a-t-il pris position, que nos troupes sont repoussées par des forces supérieures, et que son bataillon, resté seul en évidence, est foudroyé par l'artillerie autrichienne. La mitraille et les boulets emportaient des files entières; quatre fois le drapeau du bataillon fut renversé : le découragement se met dans les rangs, les soldats murmurent; il n'y a plus moyen d'obtenir d'eux aucune résistance. Cependant, l'intrépide Goris n'a pas perdu tout espoir; il se porte tout-à-coup à cinquante pas en avant du front de bataille, et là, pour ranimer sa troupe, il s'écrie d'une voix de Stentor : « *Soldats, je suis devant vous* ». La vue d'un chef qui affronte le plus grand danger, donne de la force aux plus timides; le bataillon tient ferme; sa contenance assurée impose aux Autrichiens, et le prix de tant d'efforts est la conviction d'avoir puissamment contribué à la victoire.

Moreau et Vandamme eurent leurs chevaux tués sous eux dans cette action. Moreau se disposait à profiter de ce premier succès, lorsqu'il reçut la nouvelle de la signature des préliminaires de paix de Léoben. Les hostilités furent suspendues sur tous les points, et l'armée française garda les positions qu'elle occupait avant l'arrivée du courrier, entre Estenheim et Liechtenau.

FASTES DE LA GLOIRE.

Chasselat del. — Ad. Godefroy direxit.

LANNES, Colonel du 29e en 1796.

« Camarades, s'écrie-t-il, ne regardons pas les flots, ne voyons que les ennemis. »

XII.

Et plus d'un maréchal de France
Est parti le sac sur le dos.

Les dangers de la patrie enfantèrent des héros. Lannes, sorti de l'atelier d'un teinturier pour entrer dans les rangs de l'armée des Pyrénées-Orientales, se fit bientôt remarquer, et fut promu au grade de colonel. Quelque temps après, il tomba dans la disgrâce, et il fut réformé.

Lorsque Bonaparte fit un appel à tous les braves, pour aller soumettre l'Italie, Lannes partit comme simple volontaire. A Millesimo, il reconquit son ancien grade. A la bataille de Bassano, il se jeta dans les rangs ennemis, et enleva deux drapeaux.

Le 17 avril 1796, six mille ennemis surprirent les Français retirés sur les hauteurs de Dégo; Lannes, par sa bravoure et son sang-froid, rallia nos colonnes un instant repoussées. Un mois après, il traversa le Pô, à la tête d'un bataillon de grenadiers qui formait une partie de l'avant-garde. Ces braves étaient arrêtés pour chercher un passage. Le général Lannes s'apercevant de leur embarras, arrive au galop : « *Camarades,* » *s'écrie-t-il, ne regardons pas les flots, ne voyons que* » *les ennemis* ». En disant ces mots, il s'élance dans le fleuve, et parvient à l'autre rive. Les grenadiers suivent son exemple, et mettent en déroute les Autrichiens, étonnés d'une pareille audace. Au village de Fombio, il attaqua huit mille hommes retranchés, soutenus par dix mille cavaliers, et protégés par vingt pièces de canon; il les chassa devant lui jusqu'à l'Adda, leur tua trois cents hommes, fit un grand nombre de prisonniers, et s'empara de leurs bagages. A Lodi, il se précipita à la tête des colonnes, et contribua à la victoire si long-temps disputée.

A Binasco, Lannes, à la tête d'une faible avant-garde, fond sur un rassemblement de huit cents hommes, qui s'opposaient au passage de l'armée française, et les poursuit jusque sous les murs de Pavie, que nos troupes prirent d'assaut le lendemain.

Au siége de Mantoue, avec six cents grenadiers de la division d'Allemagne, il enleva à la bayonnette le faubourg Saint-Georges, et s'empara de la tête du pont de cette place. Blessé au combat de Governolo, il le fut de nouveau à la bataille d'Arcole. Le lendemain, il apprend que la victoire est encore indécise; il s'élance du lit où ses douleurs le retiennent, monte à cheval, se précipite au milieu des balles et de la mitraille, et il est atteint d'un coup de feu qui le renverse sans connaissance. Peu de temps après, il enlève les retranchemens d'Immola, défendus par quatre mille soldats romains.

Lannes fit partie de l'expédition d'Égypte, et signala sa valeur à Malte, au débarquement d'Alexandrie, dans plusieurs combats devant le Caire; pendant toute l'expédition de Syrie, à Aboukir, partout il se montra bouillant, valeureux, intrépide.

Après son retour en France, il alla de nouveau se couvrir de gloire en Italie. A Montebello, à Marengo, son impétuosité ne l'empêcha pas de montrer une grande sagesse. Il était de tous nos triomphes. Il versa son sang sur tous les champs de bataille où flottait le drapeau français. A Eylau comme à Friedland, devant Sarragosse comme à Essling, où il reçut le coup mortel, il fut toujours le même. C'était le Bayard de notre âge. Brave et généreux comme lui, il mourut en face de l'ennemi. Napoléon touchait alors au déclin de ses prospérités; la perte de ce guerrier, qui avait été son ami, lui fut très-sensible. Ceux qui l'avaient toujours vu attaché à sa fortune, en tiraient un fâcheux présage.

FASTES DE LA GLOIRE.

Chasselat del. *Ad. Godefroy direxit.*

TROPENAS, Soldat à la 85e demi-Brigade d'Infanterie de Ligne.

Sous les murs de St. Jean-d'Acre va sous le feu de l'ennemie enlever son lieutenant blessé.

XIII.

Songez que du haut de ces monumens
quarante siècles vous contemplent!

L'expédition d'Égypte, la plus étonnante peut-être qui ait signalé le passage glorieux et rapide de l'homme extraordinaire qui devait remuer le monde, était principalement destinée à combattre la puissance anglaise.

Après s'être rendu maître de Malte par un coup de main, Bonaparte se dirigea vers Alexandrie. « La première ville que nous allons rencontrer, disait le jeune héros à ses soldats, a été bâtie par Alexandre; nous trouverons à chaque pas de grands souvenirs, dignes d'exciter l'émulation des Français. Nous ferons, disait-il ensuite, quelques marches fatigantes; nous livrerons plusieurs combats; nous réussirons dans toutes nos entreprises ».

L'Égypte, épuisée de prodiges sous l'antiquité, sentit encore les pas des héros fouler ses ruines majestueuses; ils apportaient des lumières et une civilisation nouvelle sur les rivages d'où partirent jadis les premiers instituteurs des nations. Après un premier triomphe obtenu sur les Mameloucks, l'armée arriva devant les pyramides : « Soldats, s'écria Bonaparte, vous allez » combattre les dominateurs de l'Égypte; songez que » du haut de ces monumens, quarante siècles vous » contemplent ». Et tous les courages se sentirent plus forts et plus grands. Dès ce moment, l'armée française marcha de succès en succès. Aucun revers n'avait encore attristé notre gloire, lorsqu'on apprit le désastre d'Aboukir. En apprenant cet évènement, Bonaparte ne parut point troublé. Il s'écria : « Nous n'avons » plus de flotte; eh bien! il faut rester dans ces con- » trées, et en sortir grands comme les Anciens ». L'armée adopta son indifférence; et après avoir donné une larme à nos intrépides marins, elle ne s'occupa plus que de les venger.

Bonaparte se dirigea vers la Syrie. Après avoir défait, à la tête d'une poignée de braves, une de ces armées immenses que l'Orient est accoutumé à produire, il s'occupa activement du siége de Saint-Jean d'Acre. Mais les munitions furent bientôt épuisées, sans résultat important. Ce fut au point, que les boulets lancés par l'ennemi devinrent la seule ressource des assiégeans : on accorda une prime pour chaque projectile ramassé. Le feu des canons des remparts était pour nos soldats le signal d'un exercice d'un genre extraordinaire : ils s'élançaient dans la tranchée pour courir après les boulets. Enfin, dans une attaque qui semblait devoir être décisive, une brèche fut pratiquée : le général Rambeaud s'y précipite avec deux cents grenadiers : un cri de victoire se fait entendre; mais tout-à-coup nos grenadiers s'arrêtent : une seconde enceinte se présente à leurs regards; ils veulent la franchir; les Turcs, qui tiennent encore dans les débris d'un bastion, engagent un feu très-vif de mousqueterie qui prend les assaillans en flancs et à revers. Le mouvement d'escalade est arrêté; Lannes s'élance pour le soutenir; il tombe frappé d'un coup de feu à la tête; le désordre se met dans les rangs; le rempart et les fossés sont abandonnés. L'ennemi s'était rallié; il fallut effectuer la retraite. Cependant, les deux cents grenadiers commandés par l'intrépide Rambeaud avaient profité de la terreur des ennemis; la seconde enceinte une fois franchie, ils s'étaient engagés dans l'intérieur de la place. Si le général Lannes eût pu seconder le mouvement, la ville était prise. Désespérant d'être secourus, ils s'emparèrent d'une mosquée et s'y barricadèrent. Déjà le brave Rambeaud avait succombé, et ses dignes compagnons allaient subir le même sort, lorsque le commodore Sydney Smith accourut pour les exhorter à capituler, et leur sauver la vie.

Pendant la durée de ce siége, nos soldats avaient donné des preuves de cette bravoure qui ne s'est jamais démentie. Le grenadier Peyrol, sous le feu de l'ennemi, perça un mur, monta sur la terrasse d'une des maisons de la ville, et pénétra jusqu'au cœur de la place, où il fut massacré par les Turcs. L'un de ses camarades, l'intrépide Bonamy, avait réussi à enlever un drapeau, lorsqu'il reçut le coup mortel. Le vaillant Tropenas, soldat de la quatre-vingt-cinquième demi-brigade d'infanterie de ligne, était déjà connu de toute l'armée par son audace et son courage : il aperçoit son lieutenant blessé; il se précipite sous le feu de l'ennemi pour le secourir. Un si beau dévouement lui coûta la vie.

FASTES DE LA GLOIRE.

DUNESME, Général de Brigade.

Il saisit par le collet un officier ennemi qu'il emmena prisonnier en l'opposant comme un bouclier aux Autrichiens des mains desquels il réussit ainsi à s'échapper.

XIV.

De la bravoure, de la présence d'esprit, c'est bien le caractère d'un soldat français.

L'avènement de Bonaparte au consulat venait de donner à tout une face nouvelle : l'attente de la France et de l'Europe ne fut pas trompée.

Moreau conserva le commandement de l'armée du Rhin; Masséna reçut ordre de passer en Italie et de défendre Gênes, où Gouvion Saint-Cyr combattait avec une constance sans égale, et des forces très-inférieures à celles de son ennemi : les lenteurs et les mesures des coalisés favorisaient les préparatifs de la France.

Masséna, en arrivant en Italie, ne trouva plus que des soldats pâles, languissans, accablés de faim, couverts de lambeaux; des brigades affaiblies par la désertion de bataillons entiers : une administration sans ordre et sans prévoyance laissait périr l'armée d'inanition. Championnet venait de mourir d'une fièvre ardente, qui moissonnait tous les jours une foule d'officiers et de soldats. Tout semblait annoncer l'anéantissement de l'armée française d'Italie, et la perte de la Ligurie.

Ne désespérant point de sauver les débris de tant de mille hommes, et de conserver une conquête utile à la République, Masséna réorganisa son armée. Le général Mélas, commandant l'armée autrichienne, commença par attaquer les points de communication des corps de l'armée française, afin de les isoler l'un de l'autre, et de rejeter le général en chef dans les remparts de Gênes; il était secondé dans ce mouvement par la flotte anglaise, qui arrêtait nos convois maritimes. Tant d'efforts combinés ne purent ralentir la valeur et l'activité de Masséna. Au moment où ses divisions étaient forcées de céder à la supériorité numérique des ennemis, il reprit le Monte-Faccio.

A l'attaque de cette position, le brave général Dunesme commandait la colonne du centre; il fit trois cents prisonniers, et eut sa capote percée de huit balles.

Les Autrichiens attaquèrent ensuite toute la ligne française; mais ils furent repoussés. Les Français reprirent l'offensive; nos soldats étaient sans pain et sans cartouches. A l'affaire d'Albissola, le général Dunesme, après avoir dégagé le général en chef Masséna, combattit seul contre plusieurs Autrichiens à-la-fois, et en terrassa trois, qu'il força de se rendre. Il fit les mêmes prodiges de bravoure au combat de Voltri, où, avec trente hommes, il mit en déroute un bataillon entier. Ce fut dans cette occasion, qu'enveloppé de toutes parts, séparé de ses soldats, et au moment d'être tué, il saisit par le collet un officier ennemi, qu'il emmena prisonnier, en l'opposant comme un bouclier aux Autrichiens, des mains desquels il réussit ainsi à s'échapper.

Deux jours après, à l'assaut de la position des Deux-Frères, il montra une rare audace dans deux charges successives; mais en fonçant sur l'ennemi à la tête des grenadiers, il fut atteint d'un coup de feu qui lui perça la cuisse droite et le mit hors de combat.

La faim et la misère poussèrent les Génois au désespoir. Ils se battaient entre eux. Les soldats français, accablés par les privations, et semblables à des fantômes, refusaient d'aller au combat. Masséna se trouva forcé d'entrer en accommodement avec les généraux ennemis. L'acte d'évacuation de Gênes fut signé le 4 juin 1800; le peuple ligurien devait conserver son indépendance; huit mille Français rentrèrent par Nice en France; le reste de l'armée et les malades furent transportés par mer sur la flotte anglaise. Masséna, qui avait fait des prodiges de valeur, stipula ces conventions plutôt en vainqueur qu'en vaincu. L'ennemi lui-même ne pouvait se lasser de l'admirer.

FASTES DE LA GLOIRE.

Chasselat del. Ad. Godefroy direxit.

BRUNE, Général de Division.

Brune ordonne le pas de charge, guide lui même un bataillon, enfonce et renverse tout sur son passage.

XV.

La mort de Coligny, prémices des horreurs,
N'était qu'un faible essai de toutes leurs fureurs;
D'un peuple d'assassins les troupes effrénées,
Par devoir et par zèle au carnage acharnées,
Marchaient le fer en main, les yeux étincelans,
Sur les corps étendus de nos frères sanglans.

VOLTAIRE.

COMME l'illustre Francklin, Brune commença par être imprimeur. Soldat à l'origine de la révolution, il se fit remarquer par son intrépidité. En 1797, il était général de brigade dans l'armée d'Italie. En 1798, il commanda une armée en Suisse. En 1799, il fut chargé de défendre la Hollande : il eut non-seulement à combattre les Anglo-Russes, mais encore à comprimer les séditions. La trahison des Orangistes, et la honteuse défection des matelots qui, en livrant aux Anglais la flotte hollandaise, fit briller le patriotisme de l'amiral batave Story, rendirent la situation de l'armée française très-difficile; mais le courage de nos troupes, et les sages dispositions de leur général, surmontèrent tous les obstacles. Le 19 août, sir Ralphabercombrie, débarqué au Helder, à la tête de quinze mille hommes, fut chassé de ses positions, et repoussé par nos baïonnettes jusque vers le rivage. Le combat du 10 septembre fut couronné d'un succès bien plus éclatant : les avant-postes de l'ennemi furent enlevés avec une rapidité prodigieuse; l'action dura huit heures : l'armée s'empara des dunes de Campe et Haperdyck, et resta maîtresse du champ de bataille.

Peu de temps après, Brune se couvrit de gloire à la bataille de Berghem, où huit mille Français mirent en déroute trente mille Russes et Anglais. Ce fut à cette occasion que le général russe Herman, fait prisonnier, écrivit au duc d'Yorck : « Général duc, nous aurions » infailliblement gagné la bataille, si j'avais été se- » condé par les Anglais; mais vous ne commandez que » des lâches ». Après la victoire, le premier soin de nos soldats, qui, combattant depuis six heures du matin, n'avaient pas encore mangé à sept heures du soir, fut de secourir les Anglais blessés. La belle réponse d'un grenadier français doit trouver ici sa place : « Pourquoi t'amuses-tu à ramasser ces gueux-là? lui » dit un officier hollandais; il est temps d'aller man- » ger la soupe ». — « A-t-on faim, répond le grena- » dier, quand il reste de belles actions à faire? Et n'en » faisons-nous pas deux à-la-fois, en conservant la vie » à un Anglais blessé? Nous remplissons un devoir de » l'humanité, et nous tirons des prisons de l'Angle- » terre un de nos malheureux camarades ». Le nom de ce grenadier n'a pas été conservé, et cependant, son dévouement à servir ses semblables valait bien une victoire, et méritait la célébrité.

La journée du 6 octobre fut décisive. A la pointe du jour, l'armée française avait été attaquée sur toute la ligne : après dix heures d'une mêlée sanglante,

8

Brune ordonne le pas de charge, guide lui-même un bataillon, enfonce et renverse tout sur son passage. Entraîné par trop d'ardeur, ce général court le plus grand danger. Un cavalier cosaque fond sur lui la lance à la main; un de ses guides détourne le trait, démonte le cavalier, d'un second coup lui fend la tête, s'empare de son cheval, et dit à Brune : « Mon géné- » ral, je vous présente un cheval cosaque ».

Défaits sur tous les points, abandonnés par les Russes qui les avaient indignement sacrifiés dans les premières attaques, les Anglais se retirèrent tout-à-coup d'Alkmaër, de Lemmer, d'Egmond et de Pilten, laissant en notre pouvoir les retranchemens formidables qu'ils y avaient construits. Le duc d'Yorck demanda à capituler : Brune pouvait l'écraser; mais ne voulant pas faire couler le sang du soldat pour des victoires inutiles, il se contenta d'humilier l'Angleterre en imposant des conditions que le prince se hâta d'accepter.

De retour en France, il commençait à peine à se remettre de ses fatigues, lorsque le premier consul Bonaparte le plaça à la tête de soixante mille hommes pour pacifier la Vendée. Il parvint à rétablir l'autorité des lois sur cette terre jonchée de ruines, déplorable fruit de la guerre civile.

Sous l'Empire, Brune fut fait maréchal de France. Ce guerrier, célèbre par tant d'exploits, ne trouva pas la mort sur les champs de bataille. Après la crise des Cent-Jours, il fut lâchement assassiné en passant à Avignon.

FASTES DE LA GLOIRE.

Ad. Godefroy direxit.

GROUCHY, Général de Division.

Ce Général, élève son chapeau au bout de son sabre et ramène ses soldats au carnage.

XVI.

A vaincre sans péril on triomphe sans gloire.

Un des noms les plus célèbres que la gloire ait inscrits sur ses tablettes, pendant le dernier quart de siècle qui vient de s'écouler, est celui de Grouchy.

Soldat avant la révolution, il en embrassa les principes, et fit la campagne de 1792, où il reçut le grade de général. Dans la Vendée, il commandait l'avant-garde de l'armée républicaine, qui sauva Nantes et se maintint sur la rive gauche de la Loire, malgré les efforts de Charrette. Ce chef des Vendéens échoua dans toutes les entreprises qu'il forma sur les divers points maritimes du Poitou. Le général Grouchy passait de l'avant-garde à l'aile gauche de l'armée. Dans un de ces combats qu'il eut à soutenir pour la défense du camp de Sorinières, il saute à bas de son cheval, qu'il est forcé d'abandonner dans un terrain coupé et difficile, et se dépouillant de ses habits, il se précipite, à la tête de quelques grenadiers, au milieu des baïonnettes ennemies. Un de nos soldats, mortellement blessé d'une balle à la gorge, la retire de sa plaie sanglante, en charge son fusil, étend mort un Vendéen dont le fer allait percer ce général, et s'écrie : « Je ne veux rien avoir aux ennemis de la République ».

Le général Grouchy livra à Charrette le combat de Saint-Cyr. La prise de plusieurs chefs de Vendéens, et celle de Stofflet, mirent un terme à la guerre civile sur la rive gauche de la Loire.

Pendant la campagne de 1799, en Italie, Grouchy prit part à tous les combats, et déploya la valeur la plus brillante aux affaires sanglantes qui eurent lieu à Valence et à San-Juliano.

Dans les deux journées qui précédèrent la bataille de Novi, la plus sanglante de la guerre, Grouchy livra d'assez vifs combats aux Autrichiens, et il les débusqua de Terzo, où ils occupaient une position formidable. A Novi, il commandait une des quatre divisions de l'armée. Attaquée la première à trois heures du matin, cette division combattait encore à sept heures du soir. Tour-à-tour assaillante ou assaillie, onze fois durant le jour elle fut engagée sur son front. Le général Grouchy dirigeait les charges un drapeau à la main : un boulet emporta le drapeau; sans se déconcerter, ce général élève son chapeau au bout de son sabre, et ramène ses soldats au carnage. Il était parvenu par son sang froid intrépide à fixer la victoire sur le point où il combattait, quand le centre et la droite de l'armée, forcés et coupés, se retirant derrière ses troupes, attirent les Russes qui les poursuivent, et mettent l'aile gauche entre deux feux. Ce fut en essayant de défendre le village de Pasturana, et de sauver l'artillerie arrêtée par les tirailleurs autrichiens, qu'entouré de toutes parts, et atteint de quatorze blessures, il tomba au pouvoir de l'ennemi. Recueilli sur le champ de bataille par des officiers autrichiens qui le reconnurent, Grouchy ne voulut recevoir aucun secours avant que l'on eût pansé son aide-de-camp : « C'est à lui, disait-il, que sont dûs les premiers soins, car il a fait plus que nous ». Le général Grouchy ne fut rendu à la liberté qu'après la bataille de Marengo.

Depuis nos premières victoires jusqu'à nos glorieux désastres, Grouchy n'a jamais quitté le champ de bataille. On peut compter ses triomphes par ses blessures; il en est criblé.

FASTES DE LA GLOIRE.

Chasselat del. — Ad. Godefroy direxit

JEAN-DIEU SOULT, Maréchal de France.

Il saisit le drapeau de la 97.e demi-brigade, et le porte dans l'endroit où les autrichiens tont le plus de progrès

XVII.

Le danger fait les invincibles.

Encore un capitaine illustre dont la renommée a commencé à Fleurus, et s'est grossie, pendant vingt-cinq ans, de palmes nouvelles.

Jean-Dieu Soult signala sa valeur à l'armée de Sambre-et-Meuse, au passage de la Lahn, au combat d'Altenkirken et à Klein-Nister, où il attaqua l'ennemi avec impétuosité, et lui fit cinq cents prisonniers. Commandant une brigade de l'avant-garde de l'armée de Mayence, au combat d'Hoskirch, il battit, avec deux escadrons et quatre compagnies d'infanterie, cinq mille fantassins, soutenus par douze cents cavaliers et six pièces de canon. A Friedberg, il soutint les efforts de vingt-cinq mille Autrichiens. A Stockach, il attaqua jusqu'à trois fois le prince Charles, qui se trouvait à la tête de toutes les forces autrichiennes : accablé par le nombre, il déploya au plus haut degré, dans cette occasion, le talent des retraites.

Nommé général de division, il passa à l'armée du Danube, sous Masséna. Il n'eut qu'à se montrer, et les insurgés de Schwitz mirent bas les armes. Il eut bientôt traversé le lac de Lucerne, culbuté quatre mille hommes qui s'opposaient à son débarquement, et fermé l'entrée de l'Italie à cette troupe, qui fut obligée de se soumettre. Aux attaques de Frauenfeld, d'Andelsingen et d'Adlikon, il concourut à trois victoires. Aux deux journées devant Zurich, il montra un sang-froid et un courage à toute épreuve ; on le vit, à la tête de sa troupe, marcher intrépidement contre un front hérissé de cinquante canons. A Bremgarten, il culbuta l'ennemi sur tous les points, et le força d'abandonner ses positions.

Après avoir passé la Linth, le général Soult poursuivit Souwarow sur Reinach et Constance, et chassa tout ce qui restait d'ennemis sur la rive gauche du Rhin.

Il partagea les succès de Masséna dans la Ligurie. A Cadibona, la division Gardanne, forte de trois mille hommes, fut attaquée par vingt mille Autrichiens : après les avoir arrêtés pendant plus de trois heures, elle allait être écrasée par le nombre, lorsque le général Soult, parti la nuit de Conegliano, arrive et voit le danger qui la menace. Il se laisse emporter cette fois par l'impétuosité de son courage, s'élance au milieu des soldats, saisit le drapeau de la quatre-vingt-dix-septième demi-brigade, et le porte dans l'endroit où les Autrichiens font le plus de progrès. Toutes les troupes se rallient, et l'ennemi est contraint de renoncer à la victoire.

A la bataille d'Austerlitz, il eut le commandement de l'aile droite. Bonaparte lui ayant ordonné d'attaquer sur-le-champ les hauteurs de Pratzen, Soult lui répondit qu'il n'était pas encore temps; il attendait que les Russes, en se portant sur la gauche, eussent dégarni leur centre. Lorsqu'ils eurent commis cette faute, il exécuta son mouvement, et s'établit sur le beau plateau de Pratzen. Bonaparte, qui, d'une éminence où il était en observation, avait remarqué les habiles manœuvres du maréchal, et leurs brillans résultats, accourut à grande course de cheval, et en présence de tout son état-major, qui, quelques minutes auparavant, l'avait entendu se plaindre amèrement de Soult, il l'embrassa, en lui disant : « Monsieur le Maréchal, je vous regarde comme le premier manœuvrier de mon empire. — Sire, je le crois, répondit Soult ».

Le maréchal Soult a contribué à tous nos triomphes. La postérité n'oubliera jamais cette bataille de Toulouse, où dix-huit mille Français disputèrent la victoire pendant quatorze heures à une armée de cent mille Anglais, Portugais et Espagnols, commandés par Wellington. La perte de l'ennemi fut de dix mille morts et de douze mille blessés : ce fut presque une victoire, dont le résultat ne fut pas heureux et ne pouvait pas l'être, mais dont le souvenir vivra éternellement.

FASTES DE LA GLOIRE.

Chasselat del. — Ad. Godefroy direxit.

DESAIX DE VEYGOUX Général de Division.

Desaix expire en laissant tomber ces mots d'une voix défaillante : « Allez dire au premier consul que je meurs avec le regret de ne pas avoir assez fait pour vivre dans la postérité. » . . . .

XVIII.

> Des pressentimens jusqu'alors inconnus à son âme avaient paru devant elle avant la bataille : il leur avait souri; ils le menaçaient de mourir pour la patrie.
>
> GARAT.

En 1783, Desaix de Veygoux touchait à sa quinzième année, lorsqu'il obtint une sous-lieutenance dans le régiment de Bretagne, infanterie. Plus tard, il embrassa avec ardeur les principes de la révolution.

La guerre l'appela aux frontières d'Allemagne : les armées étaient en présence, sans combattre encore. Desaix revenait un jour des promenades solitaires qu'il faisait loin des murs de Landau; tout-à-coup il voit dans la campagne s'élever des tourbillons de poussière; il s'avance pour en découvrir la cause : c'était un combat entre une reconnaissance française et trois escadrons autrichiens. Sans armes, il se jette au milieu de la mêlée; il est renversé et fait prisonnier; il se dégage, et rentre dans la place avec la reconnaissance et un Autrichien qu'il a lui-même désarmé.

A Lauterbourg, où l'ennemi fit plier nos avant-gardes, Desaix est atteint d'une balle qui lui perce les deux joues : il ne peut plus parler; mais par ses gestes énergiques, il encourage encore les soldats. Pour combattre de nouveau, il se dérobe à l'empressement de ceux qui veulent l'enlever du champ de bataille, et ne consent à laisser panser sa blessure, qu'après avoir rallié ses bataillons. A Weissembourg, il surprend les Autrichiens, enlève les redoutes, culbute l'ennemi, inquiète sa retraite, lui prend des drapeaux et des canons. Il fut encore grièvement blessé dans cette action, qui ne fit pas moins briller ses talens que son intrépidité.

Élevé au rang de général de brigade, il alla au blocus de Mayence. Dans un combat sous les murs de cette place, nos bataillons se repliaient; il se jette au-devant d'eux. Quelques officiers lui disent : « Général, » n'avez-vous pas ordonné la retraite? — Oui, répond » Desaix, mais celle de l'ennemi ». A ces mots, il marche en avant : électrisés par son exemple, ses soldats se retournent et culbutent les Autrichiens, qui fuient dans le plus grand désordre.

Après avoir fait des prodiges de valeur aux diverses campagnes sur le Rhin, Desaix fit partie de l'expédition d'Égypte. Chargé de celle de la Haute-Égypte, il y fit des prodiges de valeur dans la poursuite de Mourad-Bey. Desaix était un de ces hommes qui se concilient l'affection du peuple par la générosité et la franchise. Son administration bienfaisante, son humanité, son équité, sa tolérance devinrent célèbres dans la contrée qu'il était chargé de soumettre. Le surnom de *Sultan juste*, que lui donnaient ces hommes simples, est un témoignage du respect qu'ils portaient à ses vertus; et, encore de nos jours, le sultan juste figure parmi les récits romanesques des Arabes. Desaix n'a point inscrit son nom sur les monumens gigantesques de l'Égypte : gravé dans tous les cœurs, il sera mieux conservé sous la tente, au milieu des sables mouvans du désert, que sur le marbre ou sur l'airain. La reconnaissance l'a rendu impérissable.

A son retour en Europe, il fut retenu prisonnier à Livourne, au mépris du droit des gens. Délivré peu de temps après, il alla combattre avec Bonaparte en Italie.

Le destin de Marengo semblait préparer un revers à la France : notre armée avait perdu la confiance de la victoire; l'ennemi avait tourné nos ailes et enfoncé notre cavalerie, lorsque les deux divisions de Desaix arrivent à la course d'une distance de deux lieues, et se forment en colonnes serrées, sous le feu de l'artillerie autrichienne, qui à chaque volée emporte des rangs entiers. Le signal est donné, Desaix s'élance à la tête de ses soldats; il franchit les fossés, écrase et foule tout ce qui s'oppose à son passage. Bientôt il se trouve vis-à-vis d'une colonne de cinq mille grenadiers hongrois, commandés par le général Zach : il marche à sa rencontre, ne démasque son artillerie qu'à portée de pistolet, et le plus terrible feu de mitraille ébranle et arrête la colonne. La fusillade s'engage à bout portant. Déjà la neuvième légère s'est précipitée à la bayonnette dans les rangs autrichiens, et l'aile gauche de l'armée ennemie est coupée, lorsqu'une balle frappe Desaix au milieu de la poitrine. Il chancelle : un aide-de-camp de Bonaparte, le colonel Lebrun, s'approche pour le soutenir. Desaix expire, en laissant tomber ces mots d'une voix défaillante : « Allez dire au premier Consul, que je » meurs avec le regret de ne pas avoir assez fait pour » vivre dans la postérité ». On vint annoncer à Bonaparte cette triste nouvelle : « Ah ! s'écria-t-il, pour- » quoi ne m'est-il pas permis de pleurer »?

Desaix n'avait pas encore trente-deux ans lorsqu'il mourut, et demeura comme enseveli dans son triomphe. L'armée de Rhin-et-Moselle lui érigea un cénotaphe dans la presqu'île en face de Kehl. Le premier Consul fit transporter au mont Saint-Bernard la dépouille mortelle du héros : un monument devait éterniser sa mémoire, et des tables de marbre, sur lesquelles devaient être inscrits les noms de tous les corps qui avaient combattu à l'immortelle et décisive journée de Marengo, étaient destinées à perpétuer ce souvenir. La statue colossale de Desaix décorait la place des Victoires. Mais de tous ces monumens, celui que la reconnaissance nationale éleva sur la place Dauphine, près le Pont-Neuf, est le seul qui ait été respecté.

FASTES DE LA GLOIRE.

Chasselat del. Ad. Godefroy direxit.

BESSIÈRES, Général.

« Mes amis, cria Bessières à ses cavaliers, ouvrez vos rangs, respect au courage malheureux ».

XIX.

Après la victoire, le premier devoir d'un vrai guerrier est de secourir son ennemi.

La mort de Desaix sauva la France, et fut vengée par la défaite des ennemis. Le jeune Kellermann, avec sa cavalerie, écrasa le général Zach et ses cinq mille grenadiers, qui furent faits prisonniers. Les soldats qui déplorèrent la perte de Desaix, regrettèrent aussi le vaillant général de brigade Champeaux, qui, en chargeant à la tête de deux régimens de dragons, fut mortellement blessé.

Plusieurs beaux traits ajoutèrent à l'éclat de notre triomphe. Un officier du deuxième d'artillerie à cheval, le lieutenant Conrad, né dans le département du Bas-Rhin, a la cuisse emportée par un boulet; il renvoie à leurs pièces les canonniers qui veulent l'enlever du champ de bataille; et se soulevant avec effort pour observer le tir de sa batterie, il leur crie : « Mes amis, pointez un peu plus bas ».

Un grenadier à pied, Brabant, qui avait antérieurement été canonnier, ayant rencontré une pièce abandonnée et renversée, parvint seule à la relever, la chargea, et s'en servit pour faire feu sur l'ennemi pendant plus d'une demi-heure.

Toutes les armes et tous les régimens rivalisèrent entre eux de gloire et de courage. Dans l'artillerie à cheval de la garde, on remarqua le maréchal-des-logis Bizet, né dans le département de l'Isère; le brigadier Petit, né dans le département de la Drôme, et le canonnier Marchand, né dans le département de la Côte-d'Or, qui montrèrent autant de bravoure que de justesse dans le coup-d'œil.

L'infanterie et la cavalerie de la garde consulaire prouvèrent aux Autrichiens qu'elles étaient déjà *la vieille garde*. Au plus fort de la mêlée, un tambour nommé Denain, battait la charge contre la cavalerie, à deux cents pas de son bataillon : un boulet lui emporte la jambe; mais il n'en continue pas moins de faire résonner sa caisse avec plus de bruit qu'auparavant.

Quatre militaires du trentième régiment, ayant à leur tête le sergent Blin, donnèrent des preuves du plus grand courage; ils se précipitèrent sur un peloton ennemi, auquel ils enlevèrent un drapeau, avec un grand nombre de prisonniers, parmi lesquels un officier et plusieurs sous-officiers. Un de ces braves, grièvement blessé, ne voulut pas quitter le champ de bataille : « Allons, camarades, courage, s'écriait-il; » je ne me retirerai pas que nous n'ayons pris le » drapeau ».

Un caporal aperçoit un officier autrichien qui,

suivi de sa troupe, se disposait à le charger : sans hésiter, il marche seul à sa rencontre, le somme audacieusement de mettre bas les armes, et le fait prisonnier avec tout son détachement.

Un soldat, atteint d'une balle, ne voulut pas aller se faire panser : « La première ne compte jamais, disait-il ».

Le brave général Bessières seconda puissamment Bonaparte et Desaix dans cette mémorable journée. A la tête de sa brigade, il chargeait l'ennemi, lorsqu'il aperçut un cavalier autrichien qui, renversé à terre et baigné dans son sang, lui tendait des mains suppliantes pour qu'on ne le foulât pas aux pieds : « Mes amis, cria Bessières à ses cavaliers, ouvrez » vos rangs; respect au courage malheureux ».

Le jeune Beauharnais, dont le brillant courage présageait déjà les hautes destinées auxquelles il était réservé, répéta à ses chasseurs la généreuse invitation qui venait d'être faite aux grenadiers.

La bataille de Marengo fut le dernier prodige accompli par l'enthousiasme de la liberté. La république fut étouffée sous des lauriers, et bientôt on s'accoutuma à l'idée de combattre plus pour un homme que pour la patrie.

FASTES DE LA GLOIRE,

Chasselat del. | Ad. Godefroy direxit.

DAVOUST, Général de Division.

« Amis, s'écrie-t-il, en franchissant le pont, nous ne sommes qu'une poignée mais une poignée de braves, vous voyez ces grenadiers hongrois, chargeons et mettons-les en fuite. » . . . . . .

XX.

Vous avez fui le glaive en main :
Vous avez fui devant nos braves.

SOLDAT avant la révolution, Davoust obtint un avancement rapide dans les premières campagnes de la liberté. Élevé au rang d'officier général, il partit en 1793 pour l'armée de la Moselle, et se couvrit de gloire au siége de Luxembourg, où, avec quatre mille hommes seulement, il battit la garnison ennemie quatre fois plus nombreuse. Ce fut pendant le blocus de cette place qu'il fit une de ces actions qui n'appartiennent qu'à l'audace française. Après avoir brûlé les magasins qui contenaient des approvisionnemens de la place, il forme le projet de détruire un moulin qui était de la plus grande utilité aux assiégés : il part dans la nuit avec la compagnie des grenadiers du premier bataillon des Vosges, franchit les palissades, enlève plusieurs sentinelles répandues dans le chemin couvert, égorge un poste de quatre hommes, incendie le moulin, et se retire n'ayant perdu qu'un grenadier.

Le général Davoust se signala au fameux passage du Rhin, effectué le 20 avril 1797 par l'armée de Moreau. Au combat de Diersheim, son exemple et ses bonnes dispositions enflammèrent les soldats, qui se précipitèrent dans le village, à travers une grêle de mitraille. La paix vint suspendre le cours de nos victoires.

L'expédition d'Égypte donna de nouveau l'occasion à Davoust de signaler sa valeur et son habileté : à Siout, il sauva la flotille qui portait les approvisionnemens de l'armée française. Attaqué quelques jours après sous les murs de Samanhout, par Mourad Bey, qui marchait à la tête d'une armée d'Arabes, de Mameloucks, le général Davoust chargea avec sa cavalerie cette horde innombrable, et la mit en fuite, pendant que notre artillerie, tirant sur toutes les faces à-la-fois, balayait hommes et chevaux. Mourad Bey et ses Mameloucks furent forcés de gagner en toute hâte l'affreux pays de Bribes, au-dessus des cataractes, en Nubie.

Hassan Bey était resté dans le Saïd, cherchant à soulever les Arabes. Davoust marcha avec la cavalerie pour l'en chasser; il l'atteignit au village de Luxor, près des ruines de Thèbes, sur la rive droite du Nil, aux confins mêmes du désert. Le choc fut terrible; la mêlée devint générale; on combattit corps à corps : cavaliers et chevaux roulaient sur la poussière. Hassan Bey eut son cheval tué sous lui, et fut blessé lui-même dangereusement. L'engagement dura trois heures, après lesquelles les Mameloucks abandonnèrent le champ de bataille.

Revenu en Europe après la convention d'El-Arich,

Davoust fut nommé général de division, commandant la cavalerie de l'armée d'Italie. Le 25 décembre 1800, il reparut au champ d'honneur. Arrivé avec quelques régimens de dragons, sur la rive droite du Mincio, au moment où les Autrichiens, trois fois repoussés, revenaient à la charge avec des troupes fraîches, et menaçaient de jeter dans le fleuve les Français qui se trouvaient sur la rive gauche, Davoust fait passer le Mincio à une brigade de dragons, pour appuyer le centre de la ligne; et suivi d'un faible détachement, il s'y porte précipitamment avec l'adjudant-commandant Lavalette et quelques autres officiers supérieurs. « Amis, s'écrie-t-il en franchissant « le pont, nous ne sommes qu'une poignée, mais une » poignée de braves; vous voyez ces grenadiers hon- » grois; chargeons, et mettons-les en fuite ». Au même instant, il part au galop avec son état-major : l'élan devient général sur toute la ligne; l'ennemi, enfoncé, est culbuté sur tous les points; on poursuit au loin les fuyards : l'Adige, l'Alpone, la Foessena, la Brenta furent successivement franchis, et depuis ce jour l'armée compta autant de victoires que de journées de marche.

Davoust devint maréchal de l'empire : à Ulm, à Austerlitz, il agrandit sa réputation; à Iéna, il se montra grand homme de guerre : il dirigea la droite de l'armée française sur le village d'Auerstaedt, avec tant d'habileté, et si à-propos, que ce mouvement fut regardé comme la principale cause de la victoire, et que Napoléon conféra à celui qui l'avait conduit le titre de duc d'Auerstaedt. Ce maréchal, qui s'était constamment trouvé dans le plus fort de la mêlée, avait eu son chapeau emporté et ses habits percés de balles. Le maréchal Davoust fut de toutes nos victoires : à Eylau, à Friedland, à Wagram, à la Moskowa, il déploya la même valeur.

FASTES DE LA GLOIRE.

Chasselat del.   Ad. Godefroy direxit

MAREY, Soldat.

« Que fais-tu là dit un officier prussien à l'intrépide Marey ? J'apprends à mourir. Rends tes armes. Marey s'enfonce sa bayonnette dans la poitrine, et dit : tu peux les prendre maintenant, je ne te les rends pas. »

XXI.

Les généraux intrépides font les soldats invincibles.

Nous avons déjà vu Marceau s'éloignant du théâtre sanglant de la guerre civile pour vaincre d'autres ennemis que des Français, et conquérir un beau trépas.

Nommé général de division, il commença ces mémorables campagnes qui fondèrent la liberté française, et firent trembler l'Europe, depuis les rives du Texel jusqu'aux monts de la Catalogne. Des corps ennemis partout repoussés avec des forces inégales, des attaques vigoureuses soutenues avec un courage héroïque, des entreprises hardies, tous les prodiges que peut produire un dévouement sans bornes, honorent et font admirer Marceau.

Au milieu de ses soldats, il était comme un père qui dirige des enfans chéris, les conseille, les instruit; c'était un frère qui partageait leurs veilles, leurs travaux et leurs privations; un juge impartial, qui proportionnait les peines aux fautes.

A la tête de sa division, Marceau se croyait invincible. Cette confiance ne l'abandonna jamais.

Il avait en effet inspiré une intrépidité presque surnaturelle à ses soldats. Un officier de son armée est mortellement blessé; le soldat Marey vole à son secours, le dégage du milieu des Prussiens, et arrête le sang qui coule de ses blessures. Mais bientôt les ennemis reviennent à la charge : accablé par leur nombre, Marey fait d'inutiles efforts pour préserver encore un officier, qui, craignant de tomber vivant en leur pouvoir, arrache l'appareil, laisse couler son sang, et expire dans les bras de celui qui se sacrifiait pour devenir son libérateur. « Et toi, que fais-tu là? » dit un officier prussien à l'intrépide Marey. — » J'apprends à mourir. — Rends tes armes ». Marey s'enfonça sa bayonnette dans la poitrine, et dit : « Tu peux les prendre maintenant, je ne te les rends pas ».

Marceau connaissait si bien son armée, qu'il écrivait à un de ses collègues, chargé de commander en son absence la division qu'il guidait ordinairement à la victoire : « Nous attendons l'ennemi, nous le vain» crons; fais-en de même. Je connais la division que » tu commandes : avec de tels hommes, on peut tout » entreprendre. Rappelle-leur qu'ils sont de ma divi» sion; elle ne doit jamais être malheureuse ».

Blessé mortellement au moment où il s'efforçait d'arrêter l'ennemi dans une position dangereuse, l'intrépide général fut emporté par nos grenadiers sur un brancard qu'ils formèrent avec leurs armes. Jourdan, qui devait plus tard éprouver le même sort, accourut aussitôt. L'entrevue de ces deux chefs, unis par les liens d'une étroite amitié, fut douloureuse et touchante. Il fallut se séparer. Jourdan, obligé de s'éloigner d'Altenkirchen avec l'armée, écrivit aux généraux autrichiens pour recommander son ami à leurs soins. Cette précaution pouvait paraître superflue : Marceau était sous la sauve-garde de ses vertus. Le général Haddick, l'archiduc Charles et le général Kray lui envoyèrent leurs chirurgiens. Bientôt il fut entouré de tous les chefs de l'armée ennemie, qui lui marquaient leur estime. Rien n'était plus touchant que les regrets du vieux et respectable Kray, que Marceau avait toujours combattu. Il resta long-temps près de lui, triste et le regard baissé; il pressait ses mains mourantes. Les officiers et les hussards de Barco et de Blankenstein, qui avaient le plus fait la guerre contre lui, voulurent le voir; ils pleurèrent comme si Marceau les eût commandés. Après avoir supporté des opérations longues et douloureuses, Marceau expira en faisant des vœux pour la patrie.

Les officiers qui étaient près de lui, demandèrent que sa dépouille mortelle fût rendue à ses frères d'armes. Le prince Charles y consentit. Les funérailles eurent la majesté d'une apothéose.

Le deuil fut universel. Les étrangers saluèrent la dépouille mortelle du héros par des salves d'artillerie. Cette solennité lugubre a plus d'une fois été accordée par les ennemis de la France à des généraux français. La mort éteint toutes les rivalités. Les ennemis qui s'estiment sont les seuls dignes de se combattre.

FASTES DE LA GLOIRE.

JOUBERT, Général en chef de l'armée d'Italie.

« Couvrez-moi, que les Russes croyent toujours que je combats parmi vous. »

XXII.

Si son ombre eût pu gagner des batailles!

Le général Joubert avait embrassé volontairement le parti des armes. Il s'était déjà fait remarquer par des actions d'éclat, lorsqu'à Montenote sa bravoure et son intelligence attirèrent les regards du général Bonaparte. Le lendemain, à la tête de sa brigade, il chassa l'ennemi de toutes ses positions, et enveloppa un corps de quinze cents Autrichiens, commandés par le général Provera. Après avoir enlevé de vive force l'importante position de Sainte-Marguerite, il poursuivit jusqu'au sommet de la montagne de Cossaria le général ennemi, qui se réfugia dans un vieux château, que des retranchemens, formés de ses ruines, semblaient rendre inexpugnables. Suivi de sept hommes seulement, Joubert sauta dans ces retranchemens; il fut frappé à la tête et renversé. Sa colonne, qui le crut mort, ralentit un instant sa marche; mais ayant bientôt appris que son chef n'était pas dangereusement blessé, elle monta à l'assaut, et emporta la position.

Dans d'autres rencontres, Joubert défit l'ennemi: le 12 janvier 1797, à Montebaldo, il se mit à la tête des carabiniers, et reprit une redoute à l'assaut, sous la mitraille que vomissaient quatorze bouches à feu.

A la bataille de Rivoli, où, suivant l'expression de Bonaparte, *il se montra grenadier par son courage, et grand général par ses connaissances militaires*, Joubert décida de la victoire en s'emparant du plateau de Rivoli, seul point où l'ennemi pût faire déboucher sa cavalerie et son artillerie, entre l'Adige et le lac de Garda : dans les mouvemens qui semblaient le plus s'éloigner de ce plateau, Joubert ne l'avait jamais perdu de vue. Forcé de descendre de son cheval blessé, il donne l'exemple aux grenadiers, et ralliant sa troupe, il s'élance, le fusil à la main, dans les rangs ennemis, réattaque le plateau avec fureur, le reprend, s'empare d'une partie de l'artillerie, et culbute les Autrichiens jusque dans l'Adige. Cette journée le fit nommer général de division.

Dans le Tyrol, il traverse des monts arides, des défilés dangereux, culbute les Autrichiens à Roveredo, livre les combats de Lavis, du Tramin, de Clausen, se fait ouvrir les portes de Brixen et de Botzen; aux gorges d'Inspruck il se couvre de gloire. La simplicité de ses mœurs, au milieu de ces victoires éclatantes, frappe les peuples et les attire. L'armée, inquiète, croyait avoir à déplorer la perte de ce général, lorsqu'il revint triomphant du Tyrol, qu'il avait subjugué. Il arrive à la tente de Bonaparte. La sentinelle avait la consigne de ne laisser passer personne. Joubert insiste; il force le passage. Aux cris de la sentinelle, Bonaparte sort de son cabinet, et dit au soldat étonné : « Va, le brave Joubert, qui a » forcé le Tyrol, a bien pu forcer ta consigne ».

Bonaparte chargea Joubert de porter aux membres du Gouvernement le drapeau de l'armée, à l'époque du traité de Léoben.

Après avoir rempli plusieurs missions importantes, il fut placé, par le Directoire, à la tête de l'armée d'Italie. Dans l'espace de trois mois, il fit la conquête du Piémont, força le roi de Sardaigne à abdiquer la couronne, occupa toutes les places fortes, créa une armée d'auxiliaires, et s'empara d'un des plus beaux arsenaux de l'Europe. Dix-huit cents pièces de canon, cent mille fusils, des munitions de guerre, et d'immenses approvisionnemens de tout genre furent les moindres résultats de cette campagne, dans laquelle il ne tira pas un coup de fusil. Disgracié à cause de son désintéressement et de sa vertu, il ne tarda pas à reprendre le poste de général en chef de l'armée d'Italie. Il s'arracha, pour remplir ce nouveau devoir qui lui était imposé par la patrie, des bras d'une jeune épouse, presque le jour même de son mariage.

A-peine arrivé à Savonne, il franchit les gorges et les sommets des montagnes du Montferrat, et se dirige, par la vallée d'Acqui, vers Capriata et Novi, en écrasant, sous la marche de son armée, tous les corps ennemis qui veulent la retarder. Le 13 août 1799, il rencontra l'armée russe de Souwarow; il préluda par quelques reconnaissances et des combats assez vifs. Le 14 au soir, il vit toutes ses combinaisons trompées par la réunion imprévue du général Kray, et par la reddition prématurée de Mantoue, ce qui augmentait de vingt-quatre mille hommes les forces qu'il avait à combattre. A la vue de ce renfort et de la position de l'ennemi, il donna l'ordre de la retraite; mais il n'était plus temps; le 15, à sept heures du matin, il fut attaqué avec vigueur par l'armée austro-russe. Placé sur une éminence, Joubert voit sa gauche enfoncée et des bataillons en désordre; il vole avec ses aides-de-camp, en criant : « En avant, mes amis ». En tournant son cheval, une balle le frappe au flanc droit, et pénètre jusqu'au cœur : il fait signe de la main, et s'écrie encore : « Marchez toujours ». Il tomba de cheval, et expira en prononçant ces mots : « Couvrez-moi, que les Russes croient toujours que je combats parmi vous ». Après douze heures de combat, nos braves furent obligés de céder au nombre.

Les restes de Joubert ont été déposés, par ordre du premier Consul, à Toulon, dans le fort Lamaigné, qui, depuis cette époque, porte le nom de *fort Joubert*. Un monument lui fut élevé sur l'une des places de Bourg, lieu de sa naissance, par les habitans du département de l'Ain. Ce monument a été détruit en 1815.

FASTES DE LA GLOIRE.

DOUBLOT, Grenadier.

« Je vous amène un prisonnier, lui dit-il ; pour le coup, je ne suis plus un conscrit, mais un soldat.
C'est juste, repartit Masséna, je te fais Grenadier. »

XXIII.

Leurs coups d'essai étaient des coups de maîtres.

Pendant que Bonaparte, avec l'élite de nos guerriers, combattait en Égypte, une alliance nouvelle se préparait entre les Souverains. Le Directoire envoya trois armées sur le Rhin. Masséna, général en chef de celle de l'Helvétie, entra chez les Grisons, en 1799, franchit le Rhin, emporta les retranchemens de Steig, et fit mettre bas les armes au corps d'Auffemberg, qui subit lui-même le sort de sa troupe.

Ce premier triomphe était d'un heureux augure. Nos soldats, guidés par un chef dont le nom seul valait une armée, bravant l'âpreté de l'hiver et la faim, s'avancèrent à travers des précipices. Leur passage était marqué par l'enlèvement des redoutes et de positions presque inexpugnables. En cinq jours, ils firent dix mille prisonniers, prirent quarante pièces de canon, cinq drapeaux, et se rendirent maîtres de tout le pays. Un conscrit de petite taille, nommé Doublot, saisit au collet un Hongrois de la plus haute stature, et le conduit au général Masséna. « Je vous amène un prisonnier, lui dit-il : pour le » coup, je ne suis plus un conscrit, mais un soldat. » — C'est juste, répartit Masséna; je te fais grena- » dier ».

Notre armée avait été jusque-là victorieuse; mais tout changea de face à la retraite du général Jourdan: l'archiduc Charles, uni à l'armée russe du général Korsakow, s'avança avec des forces quatre fois plus nombreuses que celles des Français. La situation de la République devenait d'autant plus critique, qu'il ne s'agissait plus seulement d'une de ses armées, mais de son propre salut. L'Italie avait vu s'éloigner nos bataillons; nos troupes du Rhin s'étaient repliées vers la frontière; Masséna battu, l'invasion était inévitable : les destinées de la patrie se trouvaient dans ses mains. En proie aux plus vives alarmes, le Gouvernement le pressait de combattre, et lui faisait un crime de ce qu'il appelait des lenteurs.

Masséna prouva que ses lenteurs étaient calculées. Quand il fut temps, nos soldats opposèrent aux ennemis des prodiges de courage; il avait une colonne surnommée L'INFERNALE : ce corps terrible, qui se composait de quatre mille des plus vaillans et des plus beaux grenadiers, était sa ressource dans les plus grands périls. Placé à la tête de ces invincibles, rien ne pouvait l'arrêter; il renversait les plus épais bataillons.

Obligés d'abandonner Zurich, les Français s'éloignèrent après cinq jours d'un horrible carnage. On les vit, dans leur fureur, jeter leurs armes pour se prendre aux cheveux avec les Autrichiens, se battre deux à deux à l'arme blanche, ou se serrer corps à corps dans des luttes où ils s'étouffaient.

Masséna ne tarda pas à profiter d'une faute de l'archiduc Charles. Ce prince venait d'abandonner la Suisse, pour porter vingt-cinq mille hommes sur les bords du Rhin. Cette manœuvre affaiblissait prodigieusement l'armée de ses alliées. Masséna s'étant avancé sous les murs de Zurich, leur présenta la bataille. Les fleuves et les montagnes offraient de véritables Thermopyles : pour forcer ces passages couverts d'artillerie, il fallut un courage au-dessus de l'humanité; l'armée entra dans Zurich, en marchant sur les cadavres de ses ennemis : la ville fut préservée du pillage. Le général russe Souwarow n'arriva que pour être témoin de l'anéantissement de la moitié de son armée.

Le vainqueur de Zurich quitta l'Helvétie, pour aller combattre avec le même bonheur à la tête de notre armée d'Italie, qui périssait d'inanition et de dénuement.

FASTES DE LA GLOIRE.

Chasselat del. — Ad. Godefroy direxit

DARNAUD, Général de Division.

« Si tu es un brave lui dit-il reste auprès de moi, donne moi des cartouches et mourrons ensemble. »

XXIV.

Il fut toujours le premier et le dernier
sur le champ de bataille.

Le général Darnaud est un de ces hommes qui n'ont jamais ambitionné que les périls et la gloire. Il avait embrassé la carrière des armes avant la révolution. Il entra dans les rangs des armées qui se préparaient à combattre pour la liberté. A Hondscoote, à la tête de sa compagnie, ce fut lui qui commença la charge, en emportant à la bayonnette une redoute défendue par sept pièces de canon. Il fit alors un grand nombre de prisonniers; mais il s'opposa à ce qu'on exécutât contre eux le terrible décret de guerre à mort. « Pourquoi ne les avez-vous pas fait tuer sur-le-» champ? lui dit à cette occasion un Représentant. » — Je ne sais que verser mon sang pour ma patrie, » répondit Darnaud, mais jamais être le bourreau » d'un ennemi désarmé ».

Devenu chef du corps dans lequel il s'honorait d'avoir été soldat quatorze ans auparavant, il ne fut pas un jour sans concourir à nos succès : constamment placé à l'avant-garde, il y briguait les expéditions les plus périlleuses, et presque toujours cette audace était couronnée des plus heureux résultats. A Lintz, où son impétuosité semblait devoir lui être funeste, il réussit à fixer la victoire. Après avoir chassé l'ennemi, il le poursuivait l'épée dans les reins, lorsqu'à l'extrémité d'une plaine, il aperçut un corps de cavalerie prêt à fondre sur lui. Darnaud, dans la rapidité de sa course, n'avait été suivi que par soixante des siens, vingt-cinq dragons et deux pièces d'artillerie : la nature du terrain rendait toute retraite impossible. Dans cette situation critique, il ne se déconcerte point : avant d'être atteint, il prend position, fait jurer aux vingt-cinq dragons de mourir plutôt que de se rendre, et dispose en avant les deux pièces de canon, dont le feu est si habilement dirigé, que la cavalerie autrichienne est forcée de se réfugier dans les montagnes.

Darnaud ayant été envoyé au blocus d'Ehrembreisten, reçut l'ordre de rétrograder sur Neuwied, et de protéger la retraite de l'armée qui se disposait à passer le Rhin. Il n'avait avec lui que deux bataillons de sa demi-brigade, une compagnie d'artillerie légère et un régiment de chasseurs à cheval. Cette faible arrière-garde fit face à un corps considérable de cavalerie, qui, soutenu par une nombreuse artillerie, essaya vainement de l'entamer. Sa contenance tranquille, la précision de ses manœuvres, les charges vigoureuses qu'il exécuta, étonnèrent l'armée, et les Autrichiens eux-mêmes. Il résista tout un jour, et ce ne fut qu'à la tombée de la nuit, lorsqu'il vit nos derniers bataillons en sûreté, qu'il se décida à franchir le fleuve. Le général Jourdan lui adressa ces paroles : « Je vous félicite, mon cher Darnaud; j'ai admiré » vos belles manœuvres : vous aviez devant l'ennemi » le même sang-froid que l'année dernière à la revue » sur la place de parade de Cologne ».

Dans toutes les rencontres, Darnaud fut toujours le même. Le 5 avril 1800, la huitième demi-brigade d'infanterie légère, faisant partie de la première division de l'armée d'Italie, était postée sur la montagne de Rua, en avant de Recco, lorsqu'elle fut vivement assaillie par l'ennemi, qui la repoussa et pénétra dans la ville. Le désordre était à son comble, quand Darnaud, qui commandait la division, parut sur le champ de bataille : surpris d'une déroute contre laquelle son courage est impuissant, mais décidé à périr plutôt que de rétrograder, il arrache le fusil des mains d'un chasseur : « Si tu es brave, lui dit-il, reste auprès » de moi ; donne-moi des cartouches, et mourons » ensemble au poste de l'honneur ». Seul avec ce soldat, il fait feu sur les assaillans, qui s'étonnent de tant d'intrépidité. La demi-brigade a remarqué l'attitude du général : revenue de sa terreur, elle s'arrête, se rallie, s'avance au pas de charge, renverse tout devant elle, et rentre victorieuse dans Recco, où elle achève la défaite des ennemis.

Pendant le blocus de Gênes, Darnaud eut la cuisse gauche emportée : il survécut à sa blessure. Enfin il obtint, en 1808, le commandement de l'hôtel des Invalides. C'était se retirer en famille

FASTES DE LA GLOIRE.

MONBAILLIARD, Capitaine au 14e de Ligne.

« A moi, soldats de la 14e ! A moi, tous les Français ! Ralliez-vous à ce drapeau ! »

XXV.

La modestie est le plus bel ornement
des vertus guerrières.

Il est de ces vieux guerriers dont la célébrité n'a pas retenti dans l'univers, et qui n'en ont pas moins contribué au gain de plus d'une grande bataille. De ce nombre est Montbaillard.

A Rivoli, le général ennemi avait cru enfermer notre armée. « Il ne se doutait pas, dit le général Bonaparte, que pendant la nuit j'y étais arrivé avec des renforts assez considérables pour rendre son opération, non-seulement impossible, mais encore désastreuse pour lui. Notre gauche fut vivement attaquée; elle plia, et l'ennemi se porta sur le centre; la quatorzième demi-brigade soutint le choc avec le plus grand sang-froid. Le chef de l'état-major, Berthier, que j'y avais laissé, déploya dans cette occasion la bravoure dont il avait si souvent fait preuve dans cette campagne ». Les Autrichiens, encouragés par leur nombre, redoublaient d'efforts pour enlever les canons placés devant cette demi-brigade. Le général Berthier avait en effet donné l'ordre au capitaine Montbaillard d'aller favoriser la retraite de cette colonne; mais à peine a-t-il atteint le point qui lui était indiqué, qu'un corps nombreux d'Autrichiens l'attaque avec vigueur, disperse ses soldats, et les force à se précipiter au milieu des fuyards. Toujours calme dans le danger, Montbaillard cherche d'abord à contenir les siens; mais soudain, par une de ces inspirations héroïques qui maîtrisent tous les esprits, et commandent l'enthousiasme : « Camarades, s'écrie-t-il, l'ennemi emmène nos pièces; » souffrirons-nous cet affront! A moi, soldats de la » quatorzième! à moi tous les Français; ralliez-vous à » ce drapeau »! Cet appel retentit dans tous les cœurs, et toutes les bouches répètent. « Rallions-nous au » drapeau de la quatorzième »! En un instant, quatre mille soldats de l'aile droite se rassemblent, et l'ennemi, frappé d'étonnement et de crainte, abandonne notre artillerie.

Ce trait de hardiesse eut, pour cette journée, un résultat tellement remarquable par lui-même, que le général en chef dut chercher avec empressement quel en était l'auteur. Au milieu du tumulte, de l'agitation et de l'effroi, quelle voix s'est élevée pour ranimer les courages abattus? quel guerrier assez renommé a pu réunir ces soldats égarés? Les chefs ne le connaissent pas; mais tous s'accordent à désigner le capitaine Blanc, le plus intrépide des officiers de la quatorzième. Ainsi se forma cette opinion, qui déshéritait de la gratitude nationale l'homme à qui tant de Français devaient la vie, à qui la partrie devait tant de braves! Ainsi le capitaine Montbaillard perdit le fruit de son dévouement. Modeste autant que courageux, jamais il ne réclama contre cette injustice : la conviction d'avoir fait son devoir était pour lui une suffisante récompense ; il ne voulut point élever une plainte accusatrice ; il craignit de blesser la réputation d'un compagnon d'armes digne de tant d'éloges ; et lorsque Blanc, parvenu au grade de major, eut perdu la vie au champ d'honneur, Montbaillard respecta sa mémoire, et ne voulut pas devoir à la mort ce qu'il n'avait pas réclamé auparavant. Ce respect pour la mémoire d'un de ses frères d'armes annoblit encore plus cette action héroïque.

Montbaillard n'avait pas d'ailleurs besoin, pour se faire connaître, du renom attaché à cette belle action. Vieux soldat, il avait combattu à toutes les époques mémorables de la révolution, et avait cueilli sa part de lauriers.

Obligé de céder à des forces supérieures et de mettre bas les armes à Orsinovi, qu'il avait été chargé de défendre, il montra son intrépidité accoutumée. Il répondit à un général autrichien qui lui annonçait que les armées étrangères avaient franchi nos frontières : « Je vous jure qu'il n'en reviendra pas un seul homme. — La France a donc beaucoup de soldats ? — Tous les citoyens le deviendront au jour du danger, et un an ne sera pas écoulé que l'Autriche aura perdu l'Italie ». La prédiction fut accomplie avant le terme fixé.

FASTES DE LA GLOIRE.

MARGUERIT, Chef de Bataillon.

« Courage, mes amis, ne vous rendez pas. »

XXVI.

Ils jouent et rient avec la mort !
BONAPARTE.

Le général Brune, commandant l'armée d'Italie, résolut de passer le Mincio le 25 décembre 1800. Ce passage n'était pas sans péril et sans difficulté; il donna lieu à plus d'un brave de déployer cette valeur brillante qu'aucun obstacle n'arrête, qui s'irrite des difficultés, et qui s'augmente avec le danger. Parmi les traits nombreux de bravoure, on cite les suivans :

Le capitaine Delahaye montra le plus beau dévouement. Quatre compagnies, dont la sienne faisait partie, furent assaillies par un corps nombreux de cavalerie et d'infanterie :après avoir fait une résistance des plus opiniâtres, elles parvinrent cependant à se retirer dans la cour d'une métairie, dont elles fermèrent aussitôt les portes sur elles : l'ennemi les brisa à coups de hache. Repoussé d'abord par un feu de mousqueterie, il revint plusieurs fois à la charge, mais toujours infructueusement : nos soldats se défendaient en désespérés, et soutenaient leur siége de manière à enlever aux assaillans l'envie de tenter un nouvel assaut. L'intrépide Delahaye, et le lieutenant Bouzeau, officier brave et expérimenté, jugeant que c'était le moment de faire une sortie, s'offrirent pour éclairer la marche de leurs frères d'armes; ils se firent jour à travers les masses ennemies et au milieu d'une grêle de balles. Après avoir échappé à tant de périls, ils arrivaient à l'entrée d'une ruelle, lorsque tout-à-coup ils entendirent les cris de leurs camarades arrêtés par une vive fusillade : il n'était plus temps de rétrograder. Delahaye et Bouzeau, continuant à se porter en avant, traversèrent la ligne des tirailleurs ennemis, en tuèrent plusieurs à coups de sabre, firent des prisonniers, et dispersèrent le reste. Ils rejoignirent bientôt les colonnes françaises, et revinrent avec elles délivrer les quatre compagnies qui, ayant formé le carré, étonnaient encore l'ennemi par leur résolution et leur courage.

Le chef de bataillon Marguerit, habile commandant, intrépide soldat, militaire accompli, montra dans cette occasion combien l'exemple d'un chef influe sur la conduite de ses subordonnés. Au milieu de l'action, et tombé au pouvoir de l'ennemi après avoir été renversé dans un fossé, il s'écriait encore sous les bayonnettes autrichiennes : « Courage, mes amis; ne vous rendez pas ». Officiers et soldats, tous firent des prodiges : on remarqua surtout le caporal Lesguillon, qui se battit seul contre cinq tirailleurs, et fit deux prisonniers. Le tambour Haut-le-Cœur ne se distingua pas moins; on le vit, pendant l'action, frappant d'une main sa caisse, et de l'autre tenant son sabre, attaquer deux autrichiens, et faire mettre bas les armes à l'un d'entre-eux.

Chaque bataille, chaque escarmouche donnait à nos soldats l'occasion de se signaler. Ils en profitaient largement. Ils ont tous mérité une place dans le temple de la gloire, et si la renommée n'a pas proclamé leurs noms, il faut moins en accuser l'histoire que leur propre modestie. Ces héros, en capotte et en guêtres, rentraient dans la foule après une belle action; et si un général en chef cherchait à connaître celui qui avait exécuté un hardi coup-de-main, décisif pour le gain de la bataille, il était obligé d'en arracher l'aveu, comme si c'eût été une faute.

« Rien n'égale leur intrépidité, disait Bonaparte, si » ce n'est la gaieté avec laquelle ils font les marches » les plus forcées. Ils servent tour-à-tour la patrie et » l'amour. Vous croiriez qu'arrivés au bivouac, ils » doivent au-moins dormir? Point du tout : chacun » fait son conte ou son plan d'opérations du lende- » main; et souvent, on en voit qui rencontrent très- » juste. L'autre jour, je voyais défiler une demi-bri- » gade; un chasseur s'approcha de mon cheval : « Gé- » néral, me dit-il, il faut faire cela! — Malheureux! » dis-je, veux-tu bien te taire »? Il disparaît à l'in- » stant. Je l'ai fait en vain chercher; c'était justement » ce que j'avais ordonné que l'on fît ». Jamais général ne connut mieux les troupes auxquelles il commandait. Il ne faut donc pas s'étonner si Bonaparte eut toujours un grand empire sur ses soldats.

FASTES DE LA GLOIRE.

Chasselat del. Gossard sculp.

Le Comte LASALLE, Général de Division.

Il les combat, il les repousse, il les étonne, il les blesse tous quatre.

XXVII.

Il mourut vieux de gloire et jeune encor d'années

Issu d'une ancienne famille de la Lorraine, Lasalle, avant d'avoir atteint sa onzième année, entra comme officier au régiment d'Alsace.

Impatient de se signaler, il en attendait vainement l'occasion, lorsque la révolution ouvrit une vaste carrière à ceux que leur génie semblait appeler à commander les autres. Semblable à Rose et à Fabert, son grand-oncle, le jeune Lasalle ne voulut devoir son avancement qu'à son seul mérite. Il redevint volontairement soldat, et alla cacher son nom et ses services dans les derniers rangs du 23.e régiment de chasseurs à cheval. Il se fit bientôt remarquer, et le premier grade qu'il reçut, fut la récompense d'une action d'éclat. Il n'était que fourrier, lorsque, suivi de quelques chasseurs de sa compagnie, il attaqua et prit une batterie de canons. Le général en chef, témoin de l'intrépidité qu'il avait déployée, lui proposa le grade d'officier; mais il eut la modestie de refuser. Il avait dix-neuf ans lorsqu'il consentit à marcher à la tête de ses camarades, à les guider, à les animer par son exemple. Nommé sous-lieutenant, il devint peu de temps après aide-de-camp du général Kellermann, et mérita successivement, par sa bravoure sur le champ de bataille, le grade de capitaine et celui de chef-d'escadron.

En Italie, conduisant dix-huit cavaliers, il rencontra cent hussards ennemis, et ne balança pas à les charger. Les cent hussards autrichiens cèdent à l'impétuosité de dix-huit braves, électrisés par un jeune héros : emporté lui-même par l'ardeur de la gloire et l'ivresse du succès, il s'abandonne, se trouve seul au milieu de quatre hussards qui se précipitent sur lui : il les combat, les repousse, les étonne; il les blesse tous quatre. Il arrive sur les bords du Bachiglione, se jette à la nage, traverse ce fleuve, rejoint sa petite troupe qui le croyait perdu, et qui célèbre le retour d'un frère. L'antiquité a consacré le nom d'Horace, qui tua les trois Albains blessés.

La bataille de Rivoli ajouta à la gloire que Lasalle s'était déjà acquise. Les Autrichiens occupaient un plateau qui domine la plaine : il fallait les débusquer; ce fut lui qu'on choisit pour l'exécution de cette entreprise aussi périlleuse qu'honorable. L'ennemi est chassé de position en position; et le modeste vainqueur, après avoir fait mettre bas les armes à un bataillon, revient chargé de drapeaux et de lauriers, qu'il dépose aux pieds de Bonaparte. « Reposez-vous » sur ces drapeaux, Lasalle; vous l'avez bien mérité, » lui dit le général en chef. »

A la tête de seize cavaliers des guides, il entre dans

Valrozone, qu'occupait un escadron de Houlans. La terreur le précède de place en place, de rue en rue : les Houlans évacuent la ville et repassent le Tagliamento; il les poursuit sans relâche, et traverse le premier la rivière après eux.

Lasalle accompagna Bonaparte en Égypte : il décida de la victoire des Pyramides. Celle de Salehié donna la plus haute idée de sa bravoure et de son sang-froid : au milieu d'une charge qu'il venait d'exécuter contre les Mameloucks, il laissa tomber son sabre; aussitôt, sans se déconcerter, il met pied à terre au milieu des ennemis, le ramasse, et remonte tranquillement sur son cheval, pour combattre un cavalier qui s'était jeté sur lui avec fureur. A Themé, à Géhemé, il défit les Arabes du désert.

Revenu en Europe, il courut en Italie obtenir de nouveaux succès. Le 17 janvier 1801, il rencontra des adversaires dignes de le combattre. Il eut trois chevaux tués sous lui, et rompit sept sabres sur ceux qui l'approchaient de plus près.

Élevé au grade de général, il fut, pendant la campagne d'Austerlitz, à la tête d'une brigade de dragons. Le 29 octobre 1806, avec deux régimens de cavalerie, il attaque la place de Stetin : cette ville lui ouvre ses portes. Une garnison de six mille hommes, cent soixante pièces de canon, et des magasins considérables tombent au pouvoir du vainqueur.

A la bataille d'Heilberg, Lasalle était partout à la tête de la cavalerie légère. Par un de ces hasards inexplicables, mais fréquens à la guerre, Murat est enveloppé par douze dragons russes : Lasalle n'a le temps ni de refléchir, ni de donner des ordres; il se détache seul, fond sur l'ennemi, avec la rapidité de l'éclair, tue l'officier qui commande le détachement, et met les douze dragons en fuite. Peu d'instans après, Lasalle est enveloppé à son tour; la mort plane sur sa tête. Murat s'élance au milieu des ennemis, dégage Lasalle, et dit, en lui serrant la main : « Général, nous sommes quittes. »

Nommé général de division, Lasalle fut employé en Espagne, où il se signala par de nouveaux succès.

Pendant la dernière campagne d'Autriche, en 1809, Lasalle, appelé du midi au nord de l'Europe, cueillit de nouveaux lauriers aux combats d'Altemberg, de Raab et d'Esling; mais à Wagram, où il se couvrit de gloire, une balle vint l'atteindre; il expira. Il n'avait pas encore atteint sa trente-quatrième année; mais, en mesurant son âge par ses exploits, il eût été le plus vieux de l'armée.

Un décret ordonna l'érection de sa statue.

FASTES DE LA GLOIRE.

Charvelat del. Ad. Godefroy direxit.

HABAÏBY (Daoud,) Capitaine des Mamelouchs.

A Eylau, il fut percé de trois coups de bayonnette, en se précipitant dans les rangs de l'infanterie prussienne.

XXVIII.

Le nouvel Alexandre comptait, parmi ses soldats, les chefs des peuples qu'il avait vaincus. Ils étaient comme les trophées vivans de ses victoires.

La gloire française est allée faire des recrues jusque parmi les Arabes du désert.

Lorsque l'expédition d'Égypte semblait encore devoir produire d'heureux résultats, notre armée marcha vers l'Asie, soumettant partout, sur son passage, les populations stables, et souvent les peuplades errantes. Injonction fut faite de la part de Bonaparte à tous les cheicks, schérifs, imans, et autres habitans du gouvernement d'Acre, de se liguer contre Djezzar Pacha, et d'envoyer des députés au camp de Haïfa. Habaïby Jacob, cheick de Cheffemer, qui s'était déjà déclaré contre Djezzar, fut particulièrement invité à engager tous les Chrétiens qui se trouvaient dans son cheick, et à venir se joindre aux Français. Il les réunit, les accompagna, et leur fournit des vivres pendant le voyage. Arrivé au camp, il les présenta au général en chef, à qui il offrit une compagnie de janissaires syriens, qu'il avait formée à ses frais. Habaïby était, par la considération, le pouvoir et la fortune dont il jouissait, un des personnages les plus importans et les plus distingués de sa patrie. A l'approche de l'armée d'Orient, il voulut connaître les descendans de ces Francs, dont le courage a toujours été vanté par les descendans du prophète. A Cheffemer, il prodigua aux blessés français, les secours les plus empressés et les soins les plus attentifs; plusieurs fois il les mit à l'abri des attaques des Arabes. Ce fut à lui que le chirurgien-major Wadellenk dut son salut : non-seulement il l'arracha des mains des Bédouins, au pouvoir desquels il était tombé, mais encore il pansa lui-même ses blessures, et lui donna l'hospitalité jusqu'à ce qu'il fût en état d'être transporté au camp, devant Saint-Jean-d'Acre. « J'ai vu plusieurs fois ce brave » cheick, écrivait le baron Larrey, partager nos périls » et nos fatigues, avec un courage et une constance » peu commune : pendant deux années que j'ai été » à portée de l'apprécier, je lui ai toujours connu les » sentimens d'un véritable ami des Français et d'hon» nête citoyen. »

Chargé par le général Menou, de plusieurs missions à-la-fois importantes et périlleuses, Habaïby s'en acquitta toujours avec beaucoup de zèle, d'adresse et de succès. Il rendit les services les plus signalés devant le Caire, et dans quelques expéditions contre les Arabes de Suez et de Syrie. Plusieurs fois, et notamment à la bataille du Mont-Thabor, on le vit se précipiter au milieu des escadrons ennemis, et combattre avec autant d'ardeur que s'il eût été Français : il eut le corps traversé d'une balle.

Le 21 mars 1801, sous Alexandrie, il montra la plus grande intrépidité. Lors de la capitulation du 27 août 1801, Habaïby abandonna tout ce qu'il possédait en Syrie, et vint en France avec son frère Habaïby Daoud, qui devint capitaine des Mameloucks de l'ex-garde. Ces deux frères firent, dans nos armées, des prodiges de valeur.

La Prusse, la Pologne et l'Espagne furent le théâtre des exploits de Habaïby Daoud. A Austerlitz, il avait été grièvement blessé d'un coup de baïonnette, en se précipitant dans les rangs de l'infanterie prussienne. A Benavente, le 29 décembre 1808, il se jeta au milieu des cavaliers espagnols, en renversa plusieurs, et reçut trois coups de sabre, dont un lui partagea le coude gauche. Son frère Jacob, à la bataille de Courtray, fit mettre bas les armes à quatre-vingts hommes d'infanterie, et fit prisonnier, de ses propres mains, l'officier-supérieur qui les commandait. Il eut son cheval tué sous lui dans cette circonstance. Ces deux enfans du désert, devenus les fils adoptifs de la France, cachent leurs lauriers dans la retraite, depuis nos derniers désastres.

FASTES DE LA GLOIRE.

SAUNIER, Capitaine de Vaisseau de Ire. classe.

XXIX.

La victoire ou la mort! Tel fut toujours le cri de nos marins.

La marine française, après avoir lutté long-temps avec avantage contre l'Angleterre, avant et pendant la guerre de l'indépendance américaine, se trouva tout-à-coup désorganisée par la révolution. L'enthousiasme de la liberté fut porté au plus haut degré chez nos braves marins. L'héroïque mort de l'équipage du *Vengeur* peut donner la mesure de ce qu'eût fait notre marine, si elle eût été plus nombreuse. Parmi les plus intrépides hommes de mer, on peut citer le capitaine Saunier.

Quelques jours après la reddition de Toulon, étant embarqué sur un frêle canot, il rencontre, à deux lieues en mer, un brick espagnol, et conçoit tout-à-coup le hardi projet de l'enlever. Le sous-lieutenant Pourquier, officier de marine, aussi brave qu'utile à la navigation, et qui fut pilote de l'immortel Suffren, dans la campagne de l'Inde, le détourna en vain de la résolution d'attaquer la nuit, et sans armes, un bâtiment d'une force inconnue. Saunier ne prend conseil que de son audace : impatient du combat, il s'approche, et reconnaît que ce brick, armé de six canons, est monté par un nombreux équipage; il l'aborde, et s'élance seul le sabre à la main. Le capitaine espagnol, quoique armé d'un fusil, et ses matelots, surpris et intimidés par la fureur des regards et l'éclat d'une voix foudroyante, tombent à genoux pour implorer sa clémence. Saunier amarine sa prise, et rentre triomphant à Toulon.

A cette époque, il fut fait capitaine de frégate, et ensuite capitaine de vaisseau. Il commanda successivement la frégate *la Sérieuse*, *le Frontin*, *le Dubois* et *le Guillaume-Tell*, qu'il monta pendant l'expédition d'Égypte. Il se couvrit de gloire au malheureux combat d'Aboukir. Obligé de quitter le champ de bataille, il conduisit son vaisseau à Malthe. Capturé quelque temps après, il fut bientôt rendu à la patrie, et placé à la tête d'une division de frégates pour porter des renforts en Égypte. Son combat sur *l'Africaine* est un des plus glorieux qui aient signalé la constance intrépide des marins français. *L'Africaine* et *la Régénérée* partirent de l'île d'Aix, le 13 février 1801; à peine eurent-elles appareillé, que la violence du vent les sépara. Le capitaine Saunier, abandonné aux seules forces de sa frégate, parvint à la vue du cap Laroque, où il aperçut un brick et deux frégates ennemis; il échappa à force de voiles. Toujours poursuivie à la hauteur du cap Portel, *l'Africaine*, qui pendant la nuit avait passé le détroit, et doublé

15

Gibraltar, vit au loin, sur la côte d'Espagne, deux bâtimens, dont un lui ayant fait des signaux, auxquels elle ne répondit pas, chassa avec tant de vitesse, que bientôt on le reconnut pour une frégate anglaise. Saunier, pour presser sa marche, ordonna de jeter à la mer d'énormes caisses d'armes et de munitions de guerre; mais l'approche de l'ennemi n'ayant pas laissé le temps de déblayer l'entre-pont, on plaça les grappins d'abordage, en attendant le moment de l'attaque.

Le temps était calme, et le jour paraissait à peine, que l'Anglais lâcha sa bordée. Il tirait toujours en plein bois. Le capitaine Saunier, sachant bien quel est pour lui le danger d'un combat, commande aussitôt l'abordage; mais l'ennemi l'évitant, fait une décharge de boulets et d'obus, qui démonte plusieurs pièces, et crible les voiles ainsi que le gréement de *l'Africaine*. Tous nos marins, tués ou blessés, sont remplacés par des grenadiers, des chasseurs et des canonniers de l'armée de terre. Ces nouveaux combattans opposent la plus vive résistance.

Après quinze heures d'infructueux efforts, Saunier tente un second abordage. Le soldat s'élance; mais l'ennemi, qu'abrite un filet dont son bord est recouvert, envoie une volée à mitraille. *L'Africaine* est entièrement désemparée et ne gouverne plus. Tous les canonniers ont été emportés par des boulets; les ponts et les gaillards sont jonchés de cadavres; les vergues, les mâts sont brisés, la batterie ruisselle de sang; six mille coups de canon ont été tirés sur *l'Africaine;* plusieurs de ses parties sont la proie des flammes. Cinquante officiers de terre dangereusement blessés, le général Desfourneaux, frappé d'une balle à la poitrine ainsi que le capitaine de frégate, Magendie, assommé par un éclat d'artimon qui lui a ouvert le crâne, combattent encore et ne veulent point quitter leur poste. Saunier, sur le gaillard d'arrière, ordonnait tout avec un tranquille courage, lorsqu'un boulet l'abat sur le pont. Quelques soldats éperdus accourent tandis qu'il respire encore; mais à peine le descendent-ils de l'échelle du dôme, qu'une grêle de balles et une seconde blessure font trembler pour sa vie : en traversant la batterie, il reçut un dernier coup, qui fut mortel. Alors la frégate, hors d'état de se défendre après tant de prodiges de valeur, consentit à baisser pavillon.

Les Anglais eux-mêmes rendirent hommage à l'héroïsme du brave Saunier; le capitaine ennemi jura de porter toute sa vie le sabre de ce marin intrépide.

Les consuls donnèrent une pension à la veuve du héros, et ordonnèrent que ses enfans fussent élevés aux frais de l'État.

FASTES DE LA GLOIRE.

Chasselat del. Ad. Godefroy direxit

FRIANT, (le Comte) Adjudant Major.

Il fut chargé de s'emparer d'une hauteur près Landsberg, par deux fois il en débusqua l'ennemi et reçut presqu'à bout portant un coup de feu qui lui traversa la jambe.

XXX.

On peut admirer leurs exploits ;
Mais les compter est impossible.

Le général Friant occupe un rang honorable parmi les plus intrépides défenseurs de la France. Il fut l'ami et le digne compagnon de gloire des Desaix, des Kléber, des Hoche, des Jourdan, qui, presque tous, avant la révolution, avaient été ses camarades dans les gardes-françaises. En 1789, après le 14 juillet, il prit les armes pour la cause de la liberté; il commanda le 9.e bataillon de Paris, qui alla, un des premiers, repousser l'ennemi à la frontière.

La première expédition militaire dont Friant fut chargé, était dirigée contre l'abbaye Dorval, entre Montmédy et Carignan, dans les bois de Sainte-Marie. Cette expédition eut le plus brillant succès; l'ennemi fut surpris, chassé avec perte; et le 9.e bataillon de Paris, qui jouissait déjà d'une haute réputation dans l'armée, enleva, à la suite de ce coup-de-main, des magasins considérables et de nombreux troupeaux.

Peu de jours après ce glorieux début, Friant se distingua à la bataille de Kaiserslautern, aux combats de Weissenbourg et sous les murs de Landau. Chargé, pendant le blocus de cette place, de s'emparer d'une hauteur près Landsberg, par deux fois il en débusqua l'ennemi, et reçut, presque à bout portant, un coup de feu qui lui traversa la jambe : c'était sa première blessure. A-peine fut-il guéri, qu'il rejoignit son bataillon, pour combattre de nouveau à la glorieuse journée d'Arlon.

A Fleurus, il déploya de rares talens, joints à la plus éclatante valeur. Au plus fort de la mêlée, entouré d'une nombreuse cavalerie autrichienne, il forma son corps en bataillon carré, et se fraya, de cette manière, un chemin à travers les ennemis; ce trait d'audace, qui contribua à la victoire, le fit nommer commandant de l'avant-garde des divisions Championnet et Morlot.

Après avoir fait les diverses campagnes sur le Rhin, Friant alla servir en Italie, et toujours la victoire couronna ses efforts valeureux. En 1798, il fit partie de l'armée d'Orient, où il combattit sous Desaix. Ses premiers pas dans cette contrée furent marqués par la prise de la baie de Siroco, et de la plupart des forts situés sur la côte. Débarqué en Égypte l'un des premiers, il se signala à Chebreiss et aux Pyramides. A Sédiman, le 8 octobre 1798, il dirigea, pendant l'action, tous les mouvemens du carré principal; on lui dut, en grande partie, les résultats de cette journée. Au moment où le boulet emportait des files entières, Desaix, voyant à chaque instant augmenter le nombre de nos blessés, que l'on était obligé d'abandonner sur le champ de bataille, où ils étaient impitoyablement massacrés par les Mameloucks, hésita s'il ne devait pas se rapprocher du canal Joseph, pour rejoindre la flottille; mais le général Friant, bien persuadé qu'un mouvement rétrograde aurait les plus funestes conséquences, dit au général Desaix, en lui montrant une batterie de gros calibre dont le feu était des plus meurtriers : « Général, c'est là-haut qu'il faut aller; songez bien qu'en » battant en retraite, nous courons le risque d'une » destruction totale. — C'est aussi mon avis, répondit » Desaix; mais ces malheureux blessés?... — Si je » suis blessé, reprit Friant, qu'on me laisse sur le » champ de bataille. — En avant donc! s'écria Desaix » en l'embrassant. — En avant, commande aussi, » d'une voix de tonnerre, le général Friant. » La batterie fut prise, et la bataille gagnée.

Il montra dans toutes les occasions la même intrépidité, et une grande justesse dans ses attaques.

Revenu en Europe, le général Friant contribua à la belle victoire d'Austerlitz. Dans cette journée, il eut quatre chevaux tués sous lui.

A Iéna, à Eylau, à Smolensk, il se trouva au fort de la mêlée. Blessé à la Moskowa, on le vit reparaître à Leipsick. Il combattit encore, avec cet indomptable courage dont il avait donné tant de preuves, à Montmirail et à Champaubert. Il fut blessé à Waterloo, glorieux de pouvoir encore verser son sang pour la France, sur son dernier champ de bataille.

LACUÉE, Colonel du 59.e d'Infanterie de ligne.

« Le Régiment a fait son devoir, je meurs content. »

XXXI.

C'est une idée vraiment patriotique, que d'attacher aux monumens de la cité les noms de ceux qui sont morts pour la défendre.

Napoléon venait de ceindre une double couronne. Le camp de Boulogne était formé. L'Angleterre, alarmée de ces préparatifs menaçans, mit en œuvre toutes ses combinaisons astucieuses pour détourner le danger. Elle pressait les puissances du Nord de s'avancer sur la France. L'Autriche se laissa persuader plus tôt que les autres; elle fut vaincue la première.

François II mit ses armées en mouvement avant l'arrivée des secours de la Russie. Le 5 septembre 1805, le général Mach passa l'Inn, et quatre jours après, entra dans Munich, que l'armée bavaroise venait de quitter.

A la nouvelle des hostilités commencées par l'Autriche, Napoléon fit un appel aux anciens militaires et aux gardes nationales des départemens voisins des côtes maritimes et des frontières du Rhin : tous répondirent à cet appel avec enthousiasme. Les troupes du camp de Boulogne, rappelées en toute hâte, traversèrent la France avec allégresse, passèrent le Rhin, et se réunirent au corps d'armée venu de Hollande et commandé par le général Bernadotte, qui avait aussi sous ses ordres l'armée bavaroise. Les maréchaux Soult, Davoust, Ney, Launes, commandaient chacun un corps d'armée. L'élite de ces généraux, qui avaient commencé leur carrière militaire à l'aurore de la liberté, allait défendre la couronne de celui qui venait de se constituer le représentant de leur gloire et l'héritier de la révolution.

Le premier octobre, l'Empereur se mit à la tête de la grande armée, et la conduisit sur les bords du Danube; après quelques engagemens partiels, la division du général Muller marcha, le 9 octobre 1805, à l'attaque des ponts sous Gunzbourg; les trois corps de droite, après avoir attaqué et enlevé le pont de communication entre la rive gauche du Danube et une petite île, se trouvent tout à coup repoussés. Sur ces entrefaites, cinq compagnies du 59.e régiment, commandées par le colonel Lacuée, affrontant la mitraille et les boulets de vingt pièces de canon, emportent à la bayonnette un pont situé immédiatement au-dessous de celui que les trois corps de droite avaient été obligés d'abandonner. Fier de ce succès, Lacuée se dirige aussitôt avec sa troupe vers la hauteur qui domine le village de Reisemberg; ses soldats, électrisés par son exemple, font des prodiges d'audace; rien ne leur résiste; ils chassent l'ennemi de position en position. Lacuée, toujours à leur tête, est dangereusement blessé; mais cet accident ne fait que ranimer son ardeur. Il continue sa course victorieuse, et se porte avec rapidité sur la route qui conduit de Gunzbourg à Nornheim. Maître de cette position, déjà il jouit de son triomphe, lorsqu'il tombe frappé d'une balle qui lui perce le cœur. Les sapeurs accourent auprès de lui, et le transportent au point où avait commencé l'attaque; le héros vit encore : sa dernière pensée s'échappe; il dit aux braves qui l'entourent : « Le régiment a fait son devoir, je meurs content ».

L'Empereur, voulant perpétuer la mémoire d'un guerrier trop tôt enlevé à la patrie, décréta que l'une des rues de Paris qui vont aboutir au pont d'Austerlitz, porterait le nom du colonel Lacuée.

Notre armée marcha de succès en succès, et détruisit, en une campagne de quinze jours, une armée de cent mille hommes, sans avoir livré une seule bataille. De si brillans résultats furent dus aux savantes manœuvres de Napoléon. Il lui restait d'autres armées à vaincre; il courut au-devant d'elles pour les écraser.

FASTES DE LA GLOIRE.

VALHUBERT, Général de Brigade.

« Souvenez-vous de l'ordre du jour, leur dit-il, et serrez vos rangs. »

XXXII

Paraissez, Austerlitz !

La bataille d'Austerlitz ne ressemble à aucune de celles qui l'ont précédée. Napoléon, au-lieu d'aller en avant, sait attendre l'ennemi. Il fait plus; il a l'air de reculer devant les premiers succès des troupes qui l'attaquent. Toutes ses actions dénotent la crainte et l'hésitation; des propositions pacifiques, que l'on prend pour les inspirations de la peur, achèvent de tromper les Russes. Dans leur joie, ils célèbrent d'avance le triomphe qu'ils vont obtenir; l'armée française semble être déjà leur prisonnière. Napoléon, des hauteurs de Pratzen, voit leurs préparatifs, et il s'écrie : *Avant demain au soir, cette armée est à moi.*

Enfin, l'attaque eut lieu le 2 décembre 1805. Les Russes s'ébranlent. *Soldats*, dit Napoléon à ses troupes, en voyant le moment de l'action approcher, *il faut finir cette campagne par un coup de tonnerre, qui confonde l'orgueil de nos ennemis.* En effet, les Français ne tardèrent pas à prendre l'offensive, et l'ennemi fut de toutes parts culbuté. Plusieurs désastres ajoutèrent au malheur des vaincus. Quatre de leurs bataillons et les débris d'une colonne, protégeant une batterie de cinquante pièces de canon, veulent suivre une ancienne digue où la glace semble assez forte pour porter un poids considérable. Lorsqu'ils sont au milieu, elle manque : tout est englouti, hommes, chevaux, voitures, canons. Une heure après, la même scène se reproduit sur les étangs de Menitz, sous les pas d'une infanterie vivement pressée, et qui périt aux yeux de ses adversaires. Nos braves donnèrent des larmes à ces hommes courageux.

La bataille d'Austerlitz eut les plus brillans résultats : cent cinquante-deux pièces de canons, quarante-cinq drapeaux, et tous les étendards de la garde impériale russe, tombèrent en notre pouvoir. La perte des alliés fut évaluée à quarante mille hommes.

Napoléon s'était montré sur tous les points pendant l'action. Son coup-d'œil embrassait les lignes, et jugeait, avec sang-froid, les moindres mouvemens. Le commandant de l'artillerie russe avait été fait prisonnier; il se présenta au vainqueur : « Général, lui dit-il, faites-moi fusiller; je viens de perdre mes pièces. — Jeune homme, lui répondit Napoléon, j'apprécie vos larmes; mais on peut être battu par l'armée française et avoir encore des titres de gloire ».

Cette belle journée fut témoin d'une multitude de faits mémorables. La garde à pied n'ayant pu donner, pleurait de désespoir. Une seule aigle avait été enlevée à l'un de nos bataillons. Napoléon s'en aperçut : Soldats, dit-il, qu'avez-vous fait de l'étendard que je vous avais donné? Vous aviez juré qu'il vous servirait de point de ralliement, et que vous le défendriez au péril de votre vie. Comment avez-vous tenu votre promesse? Le major répondit que le porte-drapeau avait été tué dans une charge, et que l'aigle avait disparu dans la mêlée; qu'on ne s'était aperçu de ce malheur que long-temps après, à cause de la fumée. « Officiers et soldats, dit Napoléon, jurez » qu'aucun de vous ne s'est aperçu de la perte de son » étendard; et que si vous vous en étiez aperçu, vous » vous seriez précipités pour le reprendre, ou que » vous auriez péri sur le champ de bataille; car un sol- » dat qui a perdu son étendard a tout perdu ». Mille voix répétèrent : Nous le jurons. Napoléon consentit à leur donner une autre aigle.

L'ordre du jour portait de ne point dégarnir les rangs sous prétexte d'amener les blessés. Le général Valhubert étant blessé à mort, ses frères d'armes se précipitèrent pour l'emporter : « Souvenez-vous de » l'ordre du jour, leur dit-il en les repoussant. Si vous » revenez vainqueurs, on me relevera après la bataille; » si vous êtes vaincus, je n'attache plus de prix à » la vie ».

Valhubert fut le seul des généraux dont on eut à déplorer la perte. Il écrivit d'une main défaillante au général en chef : « Je ne regrette pas la vie, puisque » j'ai participé à la victoire; quand vous penserez aux » braves, pensez à moi ».

Un décret du 14 février 1810 ordonna que la place entre le pont d'Austerlitz et le Jardin-des-Plantes porterait le nom de ce guerrier.

FASTES DE LA GLOIRE.

Chasselat del. Ad. Godefroy direxit.

SACHON, Major de Cavalerie.

Il s'empara lui seul d'une pièce de canon, après avoir tué ou mis en fuite les canonniers qui la servaient.

XXXIII.

Napoléon écrivait au roi de Prusse :
Sire, Votre Majesté sera vaincue.
Cette prophétie s'accomplit à Iéna.

Les batailles de Marengo, d'Ulm et d'Austerlitz n'avaient point éclairé les princes de l'Europe sur leur véritable position. L'Angleterre trouvait encore accès auprès d'eux. La Prusse fut entraînée dans la coalition contre la France; elle se précipitait elle-même vers des armées qui avaient vaincu les puissances voisines.

Le Nord de l'Europe semblait embrâsé de l'esprit de la guerre; mais Napoléon avait les yeux ouverts sur les préparatifs que l'on faisait à grand bruit : il se place à la tête de son armée, reconnaît les points faibles de l'ennemi, et médite sa défaite.

Après les premières hostilités, Napoléon se trouva à Iéna le 13 octobre 1806; il se rendit sur le plateau qui est en avant de cette ville, et dont s'était emparé son avant-garde pour y observer l'ennemi : c'est de là qu'il disposa son plan de bataille.

La nuit qui précéda ce jour si glorieux pour les armes françaises fut passée au bivouac par Napoléon, au milieu de ses braves. Quel spectacle plus imposant que l'appareil de deux armées formidables en présence, qui n'attendent que les premiers rayons du jour pour en venir aux mains!... Trois myriamètres d'étendue présentaient le front de l'armée prussienne; ses feux embrâsaient l'atmosphère. L'armée française avait allumé et concentré les siens sur un petit point. Une demi-portée de canon formait la distance d'un front d'armée à l'autre. Il ne se faisait pas un mouvement qu'il ne fût entendu; la distance des sentinelles leur permettait de se parler.

Un brouillard épais obscurcissait le temps vers la pointe du jour : dès qu'il parut, l'armée française prit les armes. Napoléon parcourut plusieurs lignes avant le commencement de l'action; il recommandait à chaque corps la cavalerie prussienne, depuis si longtemps vantée; il leur disait que les corps qui ne résisteraient point assez vivement se couvriraient d'opprobre.

A ces paroles de Napoléon succédèrent les cris mille fois répétés de : Marchons! et sur-le-champ une vive fusillade de la part des tirailleurs fut le premier signal du combat. L'impétuosité de cette attaque étonna, déconcerta l'ennemi, qui ne put tenir dans la position avantageuse qu'il occupait.

Enfin l'action s'engage de toutes parts, et bientôt on s'aperçoit que la chance n'est pas égale, et les lignes françaises demeurent inébranlables. Le courage de l'ennemi va toujours en diminuant; il s'affaiblit à chaque instant : un dernier effort le culbute entièrement.

L'infanterie fournit dans cette bataille la preuve d'une valeur, d'une intrépidité qui lui assurèrent le titre de la première infanterie du monde.

La cavalerie française fit son devoir. Napoléon lui avait recommandé la cavalerie prussienne, qui ne put résister à ses vives attaques. Le chef-d'escadron Sachon fondit avec ses braves sur deux escadrons ennemis, qui prenaient en flanc le premier régiment de dragons; il les culbuta, les défit complètement, enleva aux Prussiens une batterie de plusieurs bouches à feu, et s'empara lui seul d'une pièce de canon, après avoir tué ou mis en fuite les canonniers qui la servaient.

Un trait qui caractérise à-la-fois Napoléon et le soldat français mérite d'être cité. Toute la cavalerie française n'était pas encore rendue pendant les deux premières heures de la bataille, et la cavalerie prussienne menaçait les ailes de l'armée française. Napoléon se portait partout au galop, pour ordonner les changemens de front en carrés. Déjà tout le monde était aux mains, et la garde à pied se voyant avec dépit dans l'inaction, plusieurs voix firent entendre ces mots : EN AVANT ! — « Qu'est-ce? dit Napoléon. Ce ne peut
» être qu'un jeune homme qui n'a pas de barbe qui
» peut vouloir préjuger ce que je dois faire; qu'il at
» tende qu'il ait commandé dans trente batailles ran-
» gées, avant de prétendre me donner des avis. » C'était en effet de jeunes vélites, qui, impatiens de se signaler, avaient donné ce signal téméraire.

FASTES DE LA GLOIRE.

Chasselat del. *Ad. Godefroy direxit.*

SEGUR, Maréchal-de-Camp.

Il s'élança un des premiers dans les positions de l'ennemi, et les emporta de vive force.

XXXIV.

Il peut raconter les grandes choses qui ont été accomplies ; car il a eu sa part de gloire.

Le général Ségur, dans la noble carrière qu'il a parcourue, s'est principalement fait remarquer par son intrépidité.

Il n'avait pas encore atteint sa dix-neuvième année, lorsqu'en 1799, il reçut des éloges de Moreau pour sa belle conduite à la bataille de Hohenlinden. Depuis cette époque, son nom fut cité glorieusement dans la plupart des guerres qui ont illustré les armes françaises.

En 1800 et 1801, il fit la campagne des Grisons, sous Macdonald. On a de lui une relation imprimée de cette mémorable campagne, où il accomplit tout ce qu'avait présagé Moreau.

Lorsque l'Europe eut recouvré quelque repos par le traité de Lunéville, le premier Consul le chargea de plusieurs missions près des cours de Copenhague et de Madrid. Employé successivement comme parlementaire ou comme agent diplomatique, il fit preuve d'autant de prudence qu'il avait déployé de fougue et de courage sur le champ de bataille. En 1806, après la conquête du royaume de Naples, il montra, sous les murs de Gaëte, une témérité sans exemple.

Il était à Iéna, et peu de temps après à Nazielsk, où, avec quatre-vingts dragons, il chargea et traversa une arrière-garde de quatre mille Russes. Deux fois blessé, il tomba au pouvoir de l'ennemi, après avoir fait une résistance aussi héroïque que prodigieuse. Envoyé à Valogda, au-delà de Moscou, il fut échangé à la paix de Tilsitt.

En 1807, il commanda le 7.e régiment de hussards, qui se signala si souvent en Espagne. En 1808, il reçut de Napoléon l'ordre d'attaquer, avec quatre-vingts chevau-légers polonais, quinze cents Espagnols retranchés sur les sommets de Sommo-Sierra, et défendus par vingt pièces de l'ennemi, et les emporta de vive force. Vainqueur, il tomba percé de dix balles : on le nomma colonel sur le champ de bataille, et quand il fut guéri de ses blessures, ce fut à lui que l'on confia l'honneur de présenter au Corps-législatif les drapeaux conquis dans cette affaire, qui est, sans contredit, l'attaque de cavalerie la plus audacieuse de toutes les guerres de la révolution.

Devenu général de brigade, il fit en 1812 la campagne de Russie. En 1813, il organisa trois mille gardes-d'honneur à Tours.

A Hanau, son corps contribua à sauver l'armée. Ce fut après cette bataille que, chargé de la défense depuis Landau jusqu'à Strasbourg, il fit cette belle retraite, dans laquelle il défila pendant cinq jours avec deux mille chevaux devant vingt mille Russes et Prussiens. Le corps qu'il commandait fit des prodiges de valeur aux combats de Montmirail, de Château-Thierry et de Meaux. A l'affaire de Reims, à la tête de cent gardes-d'honneur et de quelques hussards du 9.e régiment, il détruisit à l'ennemi sept cents chevaux, lui prit quatorze pièces de canon, et s'empara du faubourg. Il reçut trois blessures dans ce combat, resta une demi-heure parmi les morts, revint à lui, et retrouva assez de force pour se rendre auprès de Napoléon, à qui il fit connaître la situation de l'ennemi; épuisé par cet effort, il tomba sans connaissance aux pieds de l'Empereur : alors seulement on sut qu'il était blessé.

En 1815, ce fut au patriotisme de cet intrépide général que l'on confia la défense de la rive gauche de la Seine.

Le général Ségur a publié une histoire de la dernière guerre de la France avec la Russie. Cette palme littéraire a accru la gloire de son nom.

FASTES DE LA GLOIRE.

Chasselat del. — Ad. Godefroy direxit.

DELGORGUE, Général de Brigade.

« Soldats, je ne suis qu'un homme et je ne dois pas exposer votre vie pour conserver la mienne. Sauvez-vous, sauvez-vous, vivez du moins pour me venger. »

XXXV.

Comme un père qui s'immole pour le salut de ses enfans, nos généraux se sacrifiaient pour leurs soldats.

La grandeur d'âme des guerriers français éclatait dans les escarmouches comme dans les grandes occasions. Souvent un combat obscur a été témoin du plus beau et du plus sublime dévouement.

Delegorgue, modèle de bravoure, avait toutes les qualités d'un général habile. Sa générosité l'avait fait adorer du soldat. Il périt à la fleur de l'âge, et les derniers instans d'une carrière illustrée par de belles actions, ajoutèrent encore aux regrets que devait exciter sa perte.

Après avoir combattu avec la plus grande distinction en Italie et en Égypte, Delegorgue commandait en 1807 un corps d'armée dans les environs de Raguse. Le premier aux avant-postes, il marchait, accompagné de quelques grenadiers, lorsqu'il se vit assailli tout-à-coup par plusieurs bandes de Monténégrins embusqués sur la route. La résistance était sans espoir contre des forces aussi supérieures; mais Delegorgue sait que ses troupes ne sont pas loin; il va se replier, en attendant leurs secours. Les ennemis ne lui donnent pas le temps d'exécuter son dessein; ils font pleuvoir sur lui une grêle de balles, et il tombe, la cuisse fracassée par un coup de feu. Dans un péril aussi imminent, les grenadiers songent moins à leur propre sureté qu'au salut de leur général : quatre d'entr'eux le chargent sur leurs épaules, et l'emportent en toute hâte. Les Monténégrins se mettent à leur poursuite, et sont au moment de les atteindre. « Amis, » dit alors Delegorgue à ses soldats, votre dévouement va me devenir inutile; vous vous perdrez avec » moi. Arrêtez-vous ici; quittez un fardeau qui vous » gêne, et rejoignez vos camarades. — Général, ré» pondent-ils, vous n'ignorez pas que les Barbares » ne font pas de quartier : si nous vous laissons, vous » êtes mort. — N'importe; je ne suis qu'un homme, » et je ne dois pas exposer votre vie pour conserver la » mienne. Sauvez-vous, sauvez-vous! vivez du-moins » pour me venger. » Mais ils ne cèdent pas à ses instances : « Nous voulons emmener notre général, ou » mourir avec lui. » Tandis qu'ils continuent leur marche, les Monténégrins font sur eux de fréquentes décharges de leurs fusils : bientôt deux grenadiers sont blessés, et cet accident funeste ralentit la retraite. Alors, ne consultant plus que son cœur, et recueillant ses forces défaillantes : « Eh bien! puisque » je suis encore votre général, s'écrie Delegorgue, » je vous ordonne de me déposer à terre, et de vous » éloigner aussitôt! » Les grenadiers obéissent : inclinés devant leur chef, ils reçoivent ses derniers adieux; ils versent des larmes de désespoir : cette séparation cruelle leur coûte trop. D'abord, muets de douleur, ils sont restés immobiles : revenus de leur stupeur, et ne pouvant se résoudre à s'en séparer, ils se disposent à lui faire un rempart de leurs corps; mais le général fait un signe : « Adieu, mes amis! — Adieu. » général! s'écrient les soldats en s'éloignant..... A-peine ont-ils fait quelques pas, qu'ils voient les Monténégrins s'élancer sur leur proie : déjà Delegorgue n'était plus, et, selon l'usage de ces peuples, la tête de cet infortuné servit de trophée à leur horrible victoire!

Un pareil dévouement se trouva quelquefois dans de simples soldats. Au combat de Namur, un brave, nommé Dupuis, qui venait d'avoir la cuisse emportée par un boulet, refusa de se laisser transporter à l'ambulance, et voulut, malgré ses camarades, rester sur le champ de bataille : « Ne me comptez plus au » nombre des vivans, leur disait-il; vos bras seront » mieux employés à défendre vos autres frères ». — Il ne consentit à se laisser panser que quand la victoire eut été décidée en faveur des Français.

FASTES DE LA GLOIRE.

Chasselat del. — Ad. Godefroy direxit

JOBERT, Sous-lieutenant d'Infanterie de Ligne.

Mes amis, courons sus, s'écrie-t-il aussitôt, » en s'élançant sur le colonel ennemi, qu'il somme de se rendre et dont il saisit la monture du sabre.

XXXVI.

Une poignée de Français aurait subjugué une grande armée.

Le prince d'Eckmulh voulait s'emparer de l'île d'Abern, en Hongrie; il lui fallait pour ce hardi coup-de-main des soldats éprouvés, chez lesquels la présence d'esprit fût égale à l'intrépidité. Il demanda, le 29 juin 1809, au colonel du 21.e régiment, quarante nageurs de bonne volonté pour cette expédition. Constant, alors lieutenant, ainsi que le sous-lieutenant Jobert, s'offrirent pour la diriger.

A minuit, les nageurs s'embarquèrent: mais dans la traversée, la nacelle qui portait le lieutenant Constant avec neuf voltigeurs chavira. Le reste du détachement, ayant à sa tête le sous-lieutenant Jobert, aborda dans l'île. En mettant le pied à terre, cet officier surprit une sentinelle, à qui il fit mettre bas les armes; elle lui apprit que l'île était occupée par dix-huit cents hommes du régiment de Saint-Julien, ayant avec eux deux pièces de canon. Jobert n'avait que trente voltigeurs à opposer à des forces aussi supérieures; mais un brave qui commande à trente autres ose tout entreprendre. Après avoir placé la moitié de son monde en tirailleurs, il se dirige avec quinze hommes sur le point où devaient se trouver les deux pièces d'artillerie, les fait attaquer à la bayonnette, au moment où elles venaient de faire feu sur ses tirailleurs, s'en empare de vive-force, et fait prisonniers un officier et quinze canonniers. Il détache alors huit de ses soldats pour conduire cette prise au régiment, et il leur indique la route qu'ils doivent suivre, lorsque sur cette même route il aperçoit un détachement d'Autrichiens: « Mes amis, courons sus! » s'écrie-t-il aussitôt, en s'élançant sur le colonel ennemi, qu'il somme de se rendre, et dont il saisit la monture du sabre. Une lutte s'engage entr'eux. Le colonel, ayant dégagé son sabre, ordonne à sa troupe de faire feu: « Ne tirez pas!
» s'écrie Jobert: votre artillerie est en mon pouvoir,
» et si vous ne déposez pas les armes sur-le-champ, je
» vous fais mitrailler. » Le colonel réitère son ordre: on tire quelques coups de fusil; mais Jobert, relevant le bout des canons avec la pointe de son épée, détourne le feu. Les Autrichiens irrités tombent sur lui à coups de bayonnette et de crosse de fusil: déjà il a reçu cinq blessures graves, et il va succomber, quand le caporal Cuniot, témoin du danger qui menace son officier, vole à son secours, couche en joue le colonel ennemi, et le renverse. La troupe rend les armes: deux capitaines et deux lieutenans, cent vingt sous-officiers ou soldats deviennent les prisonniers de quinze Français. Jobert les fait conduire à son régiment par

douze des compagnons de son audacieuse entreprise. Demeuré presque seul, il fait sonner le ralliement, et après avoir réuni ses quinze tirailleurs, il reste en place en attendant avec eux un renfort qu'il a fait demander.

Le lieutenant Constant, à la tête de cent voltigeurs, arriva bientôt. Ils se mirent ensemble à la poursuite de l'ennemi, lui firent encore quatre cents cinquante prisonniers, et le chassèrent de l'île, où ils s'établirent jusqu'à ce que le régiment entier en eût pris possession.

L'intrépide sous-lieutenant Jobert fut nommé chevalier de la Légion-d'honneur, en récompense de cette action. Le lieutenant Constant, à qui plusieurs actes de courage avaient mérité cette distinction glorieuse, reçut la croix d'officier.

Sept jours après, le 6 juillet, Jobert, malgré ses cinq blessures et la défense expresse de son colonel, ayant voulu assister à la bataille de Wagram, y fut atteint d'un coup de feu à l'épaule droite, à l'attaque du camp retranché de l'ennemi.

FASTES DE LA GLOIRE.

Chasselat del. — Ad. Godefroy direxit.

FERRAND, Général de Division.

« Abandonné de ses meilleures troupes, le désespoir s'empare de son âme,... alors il se brule la cervelle d'un coup de pistolet. »

XXXVII.

Caton se tua pour la liberté de Rome : que de fois la gloire de la France inspira le même courage à ses enfans!

Le général Ferrand, qui préféra se donner la mort que de survivre au déshonneur de ses soldats, avait fait ses premières armes dans la marine, en qualité de volontaire. En 1792, lorsque la patrie fit un appel à ses enfans, il courut s'enrôler sous la bannière tricolore. Il avait déjà donné des gages à la révolution et au maintien de l'ordre, en prenant rang dans cette garde citoyenne, qui fut depuis la pépinière de nos héros. Entré dans l'armée active, il combattit à la frontière comme chef-d'escadron du 24.e régiment de cavalerie, et fut nommé général de brigade en 1793. Employé successivement dans les armées de l'Ouest, des Ardennes, de Sambre-et-Meuse, on le vit partout où la gloire était le prix du danger.

Il commandait à Calais, lorsqu'il fut appelé à faire partie de l'expédition de Saint-Domingue. Après la défaite de Rochambeau, qui, réduit à la cruelle nécessité de traiter avec les rebelles, n'avait point compris dans cette capitulation les troupes sous les ordres du général Ferrand, ce dernier, sans secours dans un pays révolté, sut bientôt, avec les braves qu'il guidait, prouver à l'univers que, dans les circonstances les plus difficiles, les soldats français sont capables des plus grandes choses. Après avoir fait plus d'une fois repentir les Nègres rebelles de leur coupable audace, il se retira à Santo-Domingo, où il s'enferma en attendant du secours. Assiégé par Dessalines, qui le somma de se rendre sous vingt-quatre heures, il répondit à coups de canon. La place fut attaquée le 28 mars. Quoique Ferrand n'eût avec lui qu'une poignée d'hommes, il n'hésita pas à faire une sortie. La défaite des Noirs fut complette : treize cents brigands furent comptés morts sur le champ de bataille : toutes leurs munitions, une grande quantité d'effets militaires, leurs magasins, la caisse de l'armée et le trésor de Dessalines, tombèrent au pouvoir du vainqueur, dont la perte n'excéda pas quatre-vingts hommes. Cette victoire assura la tranquillité de cette partie de l'île, et Ferrand employa alors ses soins à adoucir le sort des Colons, que son courage et ses talens avaient défendus.

En 1808, la guerre ayant éclaté entre l'Espagne et la France, le gouverneur de Porto-Ricco se prépara à agir hostilement contre Ferrand. Les Nègres sont engagés de nouveau à lever l'étendard de la rébellion. Ferrand marche contre eux; il leur livre un combat; mais au fort de la mêlée, il se voit abandonné de ses meilleures troupes. Dans une situation si critique, le désespoir s'empare de son âme; il cherche la mort au

19

milieu des rangs ennemis; elle semble le fuir: alors il se brûle la cervelle d'un coup de pistolet... Cet exemple d'héroïsme mérite de passer à la postérité.

Dans cette malheureuse journée, où le général Ferrand préféra une mort glorieuse à une fuite honteuse, le brave général Panisse chercha à rallier les fuyards; il se précipita seul au milieu des rangs ennemis, fut démonté, renversé d'un coup de lance, et n'en continua pas moins de faire d'héroïques efforts pour rétablir le combat. Enfin, réduit à s'enfermer avec les débris de l'armée dans Santo-Domingo, il y resta jusqu'au 7 juillet 1809, après avoir essuyé un siége avec une faible garnison, et avoir été en proie aux horreurs de la famine. Forcé de capituler, il revint en France avec l'état-major.

Si les expéditions dirigées sur cette île eussent toutes été conduites par des militaires aussi braves et aussi désintéressés, la France n'eût pas eu à regretter la perte d'une colonie si utile à son commerce et à son importance maritime.

FASTES DE LA GLOIRE.

Charlet del. Ad. Godefroy direxit

DAMIEN, Maréchal-des-logis-chef au 14.e de Dragons.

Au combat de Valcelle le 25 Mars 1809, il chargea avec intrépidité et alla chercher au milieu des rangs ennemis le Colonel du 2.e régiment suisse qu'il ramena prisonnier. . . . .

XXXVIII

> Un prisonnier qui parvient à recouvrer la liberté au péril de sa vie, ne mérite point pour cela de récompense; mais celui qui délivre ses camarades est digne de la reconnaissance publique.

Cabrera, l'une des îles Baléares, servit, pendant la guerre d'Espagne, de prison à un grand nombre de militaires français : abandonnés, pour ainsi dire, sur ce lambeau de terre, ils étaient en butte à toutes les maladies, à la misère, à la faim. Le caractère français, qui ne se dément jamais, avait su, cependant, embellir ce lieu aride et désert. Ils essayèrent souvent d'échapper à cette affreuse captivité, mais presque toujours sans succès. Parmi les braves qui se signalèrent par des entreprises hardies, il faut placer en première ligne le maréchal-des-logis Damien. Son intrépidité était déjà connue; il avait mérité d'être cité pour sa conduite devant Tarragone, le 15 janvier 1809. Au combat de Valselle, le 25 mars de la même année, il avait chargé avec intrépidité, et était aller chercher, au milieu des rangs ennemis, le colonel du 20.e régiment suisse, qu'il ramena prisonnier. A Vich, s'étant précipité dans la mêlée, il fut atteint d'un coup de sabre ; le 3 mai 1811, pendant la bataille de Figuière, il ne déploya pas un moindre courage; mais ayant été mis hors de combat par deux coups de lance, il tomba au pouvoir de l'ennemi, et fut conduit à Cabrera.

Après y avoir langui pendant vingt-huit mois, il résolut, le 17 août 1813, de tenter un dernier effort pour sa délivrance et celle de ses frères d'armes. Il communiqua son projet au lieutenant Fillatreau. Il fut convenu qu'on irait s'emparer de la chaloupe d'une frégate espagnole *la Lucia*. Damien se jeta à la mer, franchit plus d'une lieue à la nage, alla couper le cable de la chaloupe, et revint à la plage où le lieutenant Fillatreau l'attendait avec trente-deux sous-officiers ou soldats, prisonniers comme lui. On s'embarqua : après cinq jours d'une traversée des plus orageuses, après des périls sans nombre, ces hommes, qui n'avaient aucune expérience de la mer, et qui, pour la première fois de leur vie se servaient d'un aviron, aperçurent enfin les côtes d'Alger. Après avoir brisé leur embarcation sur les rochers, ils parvinrent dans la petite ville de Sarcelly, où ils furent accueillis par le Kaïd, gouverneur. Ils eurent encore à craindre un nouveau danger; c'était d'être attaqués par les Bédouins. Ils firent prévenir le consul de France à Alger. Le corsaire *les Représailles*, qui avait terminé sa croisière, vint à leur rencontre, et les conduisit en Europe. Damien, pour qui il ne suffisait pas d'être libre, monta sur ce corsaire, retourna à Cabrera, et délivra cinquante-trois de ses frères d'armes, qui étaient encore dans cette île.

Le rapport de cette action fut adressé au lieutenant-général Albert, ainsi qu'au maréchal Suchet, qui la laissèrent sans récompense. En 1815, Damien obtint la décoration de la Légion-d'honneur et le grade de lieutenant. On sait que le gouvernement royal ne reconnut pas les promotions faites à cette époque.

C'est dans cette même année (1813) que les Français furent obligés de quitter l'Espagne, dont l'occupation leur avait coûté tant de sang et d'efforts.

La retraite de Vittoria fut marquée par d'épouvantables désastres. Une seule route était libre; elle est aussitôt encombrée de voitures, de caissons. Tout fuit pêle-mêle : les femmes, les enfans, les vieillards se pressent, en larmes et saisis d'épouvante : ces fuyards étaient des Espagnols qui craignaient de tomber entre les mains de leurs compatriotes. Les soldats français faits prisonniers, moins heureux que ceux de Cabrera, sont massacrés. Des mères de famille d'une haute naissance embrassent les genoux de nos soldats. Les cavaliers, émus, prennent plusieurs femmes en croupe, et les emmènent. Ils sauvent des enfans, et abandonnent d'immenses trésors. Nos généraux partageaient tous les dangers, en essayant de les conjurer. Leur dévouement fut souvent inutile; mais la gloire qu'ils ont acquise est impérissable.

FASTES DE LA GLOIRE.

Charlet del. Pugare sculp.

GAMBIN, Colonel au 84e Régiment d'Infanterie.

Avec onze cents hommes, ayant battu douze mille Autrichiens et pris deux drapeaux, il les présente à l'Empereur qui lui dit « Je suis content de la bravoure de votre régiment et de la vôtre ; vous ferez graver sur vos aigles, Un contre Dix. »

XXXIX.

Un contre dix!

Gambin était sergent-major au régiment de Savoie, Carignan infanterie, lorsque commencèrent les guerres de la Révolution. Envoyé à l'armée du Nord en qualité d'adjudant-major, il y débuta par une action qui donna la plus haute idée de son courage et de sa présence d'esprit. L'incendie venait d'éclater dans un parc d'artillerie considérable : de cent caissons remplis de munitions, déjà plus de vingt avaient sauté; plusieurs autres demeuraient découverts par l'explosion. Gambin, accouru au bruit, aperçoit dans l'un d'eux, des obus prêts à s'enflammer : encore un instant, tout est perdu; le feu va se communiquer à des poudrières situées à quelques pas de là. Gambin n'hésite pas; il se précipite, arrache les mèches, et préserve ainsi le reste du parc.

Gambin devint bientôt chef du bataillon dans lequel il était parti. Enfermé dans Valenciennes pendant le siége de cette place, il ne laissa pas échapper une seule occasion de se signaler. Le 26 juillet 1793 fut pour lui une journée glorieuse. Maître du chemin couvert, l'ennemi s'était emparé de plusieurs ouvrages extérieurs; Gambin est résolu à le chasser; il s'avance à la tête de quelques compagnies; mais au moment d'attaquer, ses soldats, intimidés par la grandeur du péril, montrent de l'indécision. « Eh quoi! leur dit-il en se saisissant du fusil d'un grenadier, vous craignez ces gens-là? suivez-moi ». En-même-temps, affrontant la mitraille et les balles, il s'élance dans les retranchemens. Animée par son exemple, sa troupe imite son intrépidité, et les ouvrages sont repris en un clin-d'œil.

Gambin fit avec distinction les campagnes d'Italie. Sa belle conduite à Fossano, et une multitude de brillans exploits, l'élevèrent au grade de colonel. Appelé à commander le 84.e de ligne, les suffrages de l'armée entière avaient d'avance sanctionné cette promotion. Ses talens et sa bravoure ajoutèrent à l'illustration d'un régiment qui, depuis long-temps, passait pour un des meilleurs. Ce fut notamment en 1809, pendant la guerre contre l'Autriche, que l'on vit ce corps faire des prodiges. Le combat de Saint-Léonard, livré les 25 et 26 juin, est un des plus éclatants faits d'armes. Onze cents soldats déterminés, ayant à leur tête le colonel Gambin, arrêtèrent, pendant deux jours, douze mille Autrichiens. Jamais, avec si peu de monde, on n'obtint un succès si complet. Constamment exposés au feu d'une effroyable mousqueterie, une poignée de Français, enflammés par les exhortations de leur chef, repoussa les charges les plus terribles, opposant sans cesse ses invincibles baïonnettes au choc réitéré d'un ennemi dix fois plus nombreux. Après vingt-quatre heures d'une lutte qui, deux fois reprise, s'était deux fois prolongée jusqu'à la nuit, le sang-froid, l'habileté du colonel Gambin, et la résolution de sa petite troupe, triomphèrent enfin de l'acharnement des Autrichiens, qui se retirèrent, abandonnant au vainqueur deux drapeaux et plus de cinq cents prisonniers. Le terrain était jonché de leurs morts; on en compta plus de douze cents. Cent quarante-cinq des compagnons de l'intrépide Gambin furent blessés; mais il n'eut à regretter que trente-trois des braves qui l'avaient vaillamment secondé.

Dix jours après, Gambin cueillit de nouveaux lauriers dans les plaines de Wagram. C'était là que, le jour même de la victoire, il devait recevoir les félicitations de cet empereur, dont les paroles embrâsaient toutes les âmes, et faisaient tressaillir tous les cœurs guerriers. — « Colonel, dit-il à Gambin, au moment où celui-ci » lui présentait les deux drapeaux pris à Saint-Léonard, » je suis content de la bravoure de votre régiment et de » la vôtre; vous ferez graver sur vos aigles : UN CONTRE » DIX ». Le grade de général devint la récompense de l'intrépide Gambin.

FASTES DE LA GLOIRE.

Charlet del. Ad. Godefroy direxit.

Le Baron de MORTEMART BOISSE Fils, Capitaine au 2e Infanterie de ligne.

« Mes amis, armons nos camarades avec les mousquetons de l'ennemi. »

XI.

La véritable noblesse se conserve et s'acquiert par la valeur personnelle.

C'EST un beau spectacle que l'émulation de gloire entre le père et le fils. L'un donne des exemples que l'autre s'efforce d'atteindre ou de surpasser. La famille de Mortemart s'est illustrée par cette rivalité honorable.

Mortemart de Boisse père, jeune encore au commencement de la Révolution, faisait partie du 56.ᵉ régiment lorsque l'armée autrichienne se porta sur le camp de Maulde, le 31 août 1792. La redoute était vigoureusement attaquée; Mortemart, déjà connu par des travaux littéraires, l'était aussi par sa bravoure; une large blessure le retenait à l'ambulance de Mortagne. A peine a-t-il appris que son régiment va combattre, qu'oubliant ses douleurs, il monte à cheval, court se mettre à la tête de sa compagnie, et répond au chirurgien qui le trouvait encore trop faible : « Quand » l'honneur appelle un Français, il a toujours assez de » force pour aller battre l'ennemi. » Il arrive à la redoute au plus fort de l'attaque; se précipite sur les Autrichiens, les taille en pièces, et les force à prendre la fuite.

L'amour de la gloire semblait héréditaire dans cette famille. Le fils de ce brave capitaine, qui avait montré une telle intrépidité au commencement de la guerre de la Révolution, devint capitaine à son tour. Digne descendant d'un brave militaire, il s'efforça d'imiter au champ d'honneur celui qui lui avait donné le jour.

Dans un combat livré à Neumarck, en 1809, le capitaine Mortemart fils, en débouchant d'une gorge boisée avec sa compagnie, se trouve arrêté tout-à-coup par un corps de grosse cavalerie autrichienne, soutenu par plusieurs régimens hongrois. La compagnie sous les ordres de cet officier, était en grande partie composée de recrues que l'on n'avait pas eu le temps d'armer, et les vieux soldats, se voyant avec des hommes qui ne pouvaient pas les seconder, hésitaient pour marcher à l'ennemi : « Mes amis, s'écrie le capitaine Mortemart, qui s'élance aussitôt en avant » de la ligne, armons nos camarades avec les mous» quetons de l'ennemi. » Il se précipite en-même-temps sur le cavalier le plus proche de lui, le renverse et lui arrache sa carabine. Les Français, électrisés par tant de bravoure, attaquent les Autrichiens avec impétuosité, et les mettent en pleine déroute. Cet intrépide officier paraissait avoir adopté pour devise ce vieux précepte de notre ancienne chevalerie : *Souviens-toi de qui tu es fils, et ne forligne jamais.*

Ceux qui n'avaient pas, comme Mortemart de Boisse,

un nom à soutenir, mais un nom à faire, ne méritent pas moins d'éloges. Souvent le désintéressement le plus admirable, l'absence totale de vues ambitieuses, même les plus légitimes, a éclaté parmi les simples soldats. — Le soldat Richard, entr'autres, qui faisait partie du 102.e régiment de ligne, était connu pour un de ceux qui se précipitaient les premiers sur le champ de bataille, et ne l'abandonnait que les derniers. Il avait pour habitude de ne se jamais servir de son mousquet, qu'il portait au combat en bandoulière. C'était le sabre à la main qu'il se précipitait dans les rangs ennemis, presque toujours seul, et quelquefois suivi de quelques voltigeurs, que, d'après la permission du colonel, il choisissait dans le régiment. Cette association de braves, fidèle au système de Richard, n'attendait pas que l'action fût commencée; elle se mêlait parmi les ennemis, et ne venait jamais sans amener avec elle un bon nombre de prisonniers faits avant le commencement du combat. On la vit souvent, par ses manœuvres audacieuses, contribuer aux plus grands succès. Richard refusa toujours toute espèce d'avancement : « *J'ai pris*, disait-il, *la résolution de* » *mourir en simple soldat.* » Lors de l'institution de la Légion-d'honneur, Richard fut proposé pour la décoration; mais une mort prématurée l'empêcha de jouir de cette récompense.

FASTES DE LA GLOIRE.

Chasselat del. — Ad. Godefroy direxit

ROUELLE Maréchal-de-Camp.

Au siège de Lérida il franchit le premier la brèche et tua d'un coup d'épée la sentinelle espagnole qui lui avait porté un coup de bayonnette au visage.

XLI.

Il attaquait les places comme il savait les défendre.

Le maréchal-de-camp Rouelle était entré au service comme simple soldat en 1792. Après s'être distingué au combat de Berg-op-Zoom, à l'affaire d'Odembos, à la prise de Breda par le général Dumouriez, aux batailles de Poperingue, de Turcoing, et à la prise de Furnes, il déploya la plus grande valeur dans la journée d'Hondscoote, où, à la tête de trois compagnies, il fondit sur un bataillon autrichien chargé de la défense du pont, le mit en déroute, fit cent prisonniers, et s'empara de plusieurs voitures. La prise de Menin, la conquête des Pays-Bas et de la Hollande, la bataille de Rivoli, le siége de Mantoue, les combats de Laris et de Botzen, où il faisait partie de l'expédition du général Joubert, ajoutèrent encore à sa réputation. Deux ans après, il montra le plus grand courage à la bataille de Vérone et à Mondovi.

A la bataille de Novi, Rouelle, à la tête de trois cents hommes du 14.e régiment d'infanterie de ligne, soutint plusieurs charges de la cavalerie russe dans diverses positions, principalement dans la retraite, où il les tint en échec. Il assista encore à plusieurs combats sur la rivière de Gênes, quitta l'Italie pour se rendre dans la Bretagne, où il contribua beaucoup à l'armistice général qui eut lieu entre les Vendéens et les troupes de la République. Pendant la campagne des Grisons, il marcha sur Trente et s'en empara.

Nommé successivement à divers grades, Rouelle devint colonel à Austerlitz, où il fut blessé.

Bientôt après, il partit pour l'Espagne, où il acquit ses plus beaux titres de gloire. Le 23 novembre 1808, à la bataille de Tudella, Rouelle, à la tête du 116.e régiment de ligne qu'il commandait, enfonça le centre de l'ennemi, le mit dans une déroute complète, fit un grand nombre de prisonniers, et enleva quatre pièces de canon. Un mois après cette action, accompagné de ses grenadiers, il traversa le canal et la rivière de Sarragosse, attaqua les ouvrages avancés de cette place, et débusqua l'ennemi en le chargeant à la baïonnette.

Le même régiment, formant l'avant-garde de l'armée française, pendant ce siége terrible, reçut l'ordre, le 12 février 1809, de se rendre maître d'une grande maison dans laquelle les Espagnols s'étaient retranchés. Le colonel Rouelle, à la tête de deux compagnies d'élite, enleva non-seulement ce poste, mais encore il réussit à s'y maintenir malgré les attaques réitérées de l'ennemi, qui, avec des forces supérieures, s'efforçait de l'en chasser. Dans cette lutte, où l'on combattit de part et d'autre avec acharnement, un coup de canon ayant fait écrouler une partie de la maison, ce colonel tomba du premier étage dans la rue; mais les profondes blessures et les vives douleurs occasionnées par cette chute, ne l'empêchèrent pas, pendant tout le siége, de remplir ses devoirs avec le zèle le plus infatigable.

Le 6 mars 1810, le colonel Rouelle reçut le drapeau de son régiment des mains du général en chef Suchet, à Murviedro, ville qui s'est élevée sur les ruines de l'ancienne Sagonte. Peu d'heures après, il célébra cette réception en menant l'ennemi tambour battant jusque sous les murs de Valence, et en s'emparant du faubourg de Murviedro, qu'il conserva pendant quatre jours, jusqu'à ce que des ordres supérieurs l'eussent appelé au siége de Lérida. Le général Suchet, qui connaissait la bravoure et les talens de cet officier supérieur, lui confia l'avant-garde des troupes d'élite qui montèrent à l'assaut de la place, le 13 mai 1810; il répondit dignement à cette marque de confiance, en franchissant le premier la brèche, où il tua d'un coup d'épée la première sentinelle espagnole qui lui avait porté un coup de baïonnette au visage. Cette blessure, qui le couvrit de sang, ne l'empêcha pas de culbuter l'ennemi sur tous les points, de forcer les barricades, de s'en emparer, et d'enlever de vive force plusieurs retranchemens garnis d'une formidable artillerie. Ce brillant assaut amena la reddition du fort ainsi que celle de toutes les troupes de la garnison. Il fut bientôt après nommé général de brigade.

A Tortose, à Berricalos, il fit reculer l'ennemi. A Tarragone, il résista à l'attaque de six mille Espagnols. Nommé gouverneur du fort de Sagonte et de la ville de Murviedro, le général Rouelle les garda, en dépit des attaques répétées de l'ennemi, jusqu'au 22 mai 1814. Le 8 juin suivant, ce général rentra en France, ramenant avec lui sa garnison.

FASTES DE LA GLOIRE.

Chasselat del. — Ad. Godefroy direxit.

LAMARQUE, Général de Division.

Ce fut par ce chemin, sous le feu des canons et de la mousqueterie de quatorze cents Anglais, que six cent cinquante soldats guidés par le général Lamarque, escaladèrent un à un la première enceinte de l'Ile.

XLII.

Pour eux les assauts sont des fêtes.

Le général Lamarque prit les armes en 1792 : quoique fort jeune encore, il pouvait partir comme officier; il voulut être soldat. Sa bravoure l'éleva au rang de capitaine de grenadiers sous Latour-d'Auvergne. Il fit alors partie de l'avant-garde de l'armée des Pyrénées-Occidentales. Lamarque reçut deux blessures graves à la bataille du 6 février 1794, où, avec une compagnie, il arrêta une colonne espagnole qui tournait la gauche de l'armée.

A la tête de deux cents grenadiers, il passe la Bidassoa, marche contre Fontarabie, emporte à la baïonnette des redoutes formidables qui dominent cette ville, et s'avance avec tant d'audace sous une grêle de mitraille, que ses soldats se précipitent dans les fossés, y abattent le pont-levis; mais, pour arriver jusque-là, il a perdu beaucoup de monde; il ne lui reste plus que soixante-quinze grenadiers : cette poignée de braves lui suffit pour prendre la place; quatre-vingts bouches à feu et dix-huit cents Espagnols tombent en notre pouvoir. La récompense fut égale à ce haut fait : Lamarque fut élu pour porter en France les drapeaux enlevés à l'ennemi, et un décret le nomma adjudant-général : il n'avait encore que vingt-deux ans.

Employé depuis aux armées d'Italie, d'Irlande, d'Angleterre et du Rhin, il se signala partout par son courage, et fut nommé général de brigade sur le champ de bataille. A Hohenlinden, il se couvrit de gloire. Après la paix de Lunéville, il commanda, en Espagne, une division sous les ordres du général Leclerc. Il cueillit de nouveaux lauriers à Austerlitz. Peu de temps après cette journée mémorable, il reçut l'ordre de se rendre auprès du roi Joseph Bonaparte, qui marchait sur Naples. Ce voyage, du Nord au Midi, fut souvent entouré de dangers : Lamarque traversait le Ferstein, haute montagne du Tyrol, entre Lermos et Nazaroth, une avalanche l'engloutit, lui et son escorte; il fut retiré vivant de dessous la neige, par une espèce de miracle. Parvenu aux frontières du royaume de Naples, entre Istri et Fondi, il fut attaqué par cinquante brigands sortis de Gaëte, et commandés par le féroce Fra-Diavolo. Il se défendit avec tant de résolution, à la tête de son escorte, composée de sept soldats, que les assassins furent forcés de prendre la fuite, sans avoir pu réussir dans leurs projets.

Des milliers de brigands, soldés par les Anglais, infestaient le royaume de Naples. Depuis les marais de Pontins jusqu'aux rochers de Scylla, ce n'était qu'un champ de bataille. Lamarque rendit de grands services dans cette guerre difficile, où la gloire n'égalait pas le danger. Il fut bientôt après élevé au grade de général de division.

Lorsque Murat eut été appelé à remplacer Joseph Bonaparte sur le trône de Naples, il résolut d'enlever aux Anglais l'île de Caprée. Depuis plus de deux ans, on travaillait sans relâche à couvrir de batteries les rochers affreux dont cette île est entourée. Quarante canons armaient ces formidables redoutes, défendues par trois mille hommes. Une escadre, composée de six frégates, de quatre corvettes et d'un grand nombre de chaloupes canonnières, se tenait prête à secourir la garnison.

Le général Lamarque fut placé à la tête de l'expédition chargée de s'emparer de l'île. Il partit de la Darse de Naples dans la nuit du 4 au 5 octobre 1808, avec seize cents hommes. Arrivé devant l'île, il semblait impossible d'en approcher : on se hasarda à longer la côte pour chercher un point de débarquement; on ne trouvait partout que des rochers qui s'élevaient perpendiculairement, quelquefois jusqu'à quatre cents pieds; un instant on crut devoir renoncer à cette périlleuse entreprise. Enfin, dans une espèce d'anse où la mer refoulait avec moins de force, on dressa plusieurs échelles qu'on fixa avec des cordes. Ce fut par ce chemin, sous le feu des canons et de la mousqueterie, que six cents cinquante soldats escaladèrent la première enceinte de l'île. On se décida à attendre la nuit; Lamarque fit éloigner les bateaux pour s'ôter tout espoir de retraite. A huit heures, les troupes rangées en batailles gravirent un talus rapide et découvert, et enfoncèrent les Anglais à la baïonnette; le reste de l'île tomba bientôt au pouvoir du vainqueur.

Le général Lamarque alla successivement dans la haute Italie et en Espagne. Rentré en France après l'évacuation de la Péninsule, il défendit le territoire de son pays, et reçut, en 1815, le commandement en chef de l'armée de la Vendée. Il s'y comporta avec fermeté, tolérance et douceur : proscrit, il se réfugia en Autriche. Il a depuis revu sa patrie, qui le compte au rang de ses plus dignes citoyens.

FASTES DE LA GLOIRE.

Chasselat del. — Ad. Godefroy direxit.

PELLETIER DE CHAMBURE, Lieutenant Colonel.

A la tête de cent braves, il se glisse au pied de la position, gravit les hauteurs et se précipitant dans les palissades, se montre tout-à-coup à l'ennemi . . . .

XLIII.

Les coups-de-main font quelquefois autant de mal à l'ennemi que les batailles rangées.

Le jeune Pelletier De Chambure débuta dans la carrière des armes pendant la guerre d'Espagne; ce fut là qu'il apprit le métier de partisan, dans lequel il se rendit si redoutable. Emporter des redoutes, surprendre des postes, égorger un camp, enlever l'artillerie d'un parc, pénétrer dans une place assiégée, y prendre des otages; tels étaient les coups-de-main auxquels il s'exerçait chaque jour avec un succès qui étonnait les plus intrépides: jamais on ne porta l'audace à un si haut degré. Nos troupes avaient l'ordre d'attaquer une redoute: deux fois elles s'étaient présentées à l'assaut, et deux fois elles avaient été repoussées. De Chambure, qui s'irrite des obstables, mais qui ne s'en effraye jamais, arrive avec cinquante hommes au moment où les assaillans battent en retraite: « Eh quoi! » leur dit-il, vous avez peur? ne craignez-vous pas » que les Espagnols ne vous brûlent la moustache? Je » vais vous faire voir qu'ils ne sont pas si terribles que » vous le pensez ». Aussitôt il commande en avant à la baïonnette, et s'avance suivi de ses cinquante soldats; à vingt pas de la redoute, ils essuyent une première décharge, et s'arrêtent tout-à-coup: « En avant donc », leur crie de nouveau De Chambure; mais ils restent immobiles. « N'êtes-vous pas honteux de votre hésitation! Que faut-il pour vous décider? de l'or...... » voilà ma bourse et ma montre; elles seront la récompense des deux premiers qui sauteront dans les retranchemens; qui veut les avoir aille les chercher »! En-même-temps, il les lance de toute la vigueur de son bras au centre de la redoute: « Camarades, vous » balancez encore? Eh bien! une fois, deux fois et » trois fois, adjugé; la montre et la bourse sont encore » à moi ». En disant ces mots, il prend son élan, franchit le fossé, saute par-dessus les palissades, pénètre dans la redoute, tue plusieurs canonniers, ramasse sa bourse et sa montre, court à l'officier qui commande le poste, lui passe son épée au travers du corps, et se rend maître des retranchemens avant que ses soldats l'aient rejoint.

En 1812, De Chambure quitta l'Espagne pour venir combattre dans les rangs de la grande armée; il y fut précédé par sa réputation de bravoure. Renfermé dans Dantzick, il se signala, pendant le siége de cette place, par des actes d'intrépidité qui attirèrent sur lui les regards de toute la garnison. Une compagnie, qu'on appela la Compagnie-Franche, fut formée; elle était composée des plus braves soldats; le commandement en fut confié à De Chambure par le général Rapp.

22

Le début de la Compagnie-Franche fut un prodige : dans une sortie nocturne, après avoir exterminé un gros d'ennemis, brûlé des magasins, encloué quinze pièces d'artillerie, les intrépides compagnons de De Chambure se rapprochent du rivage; les esquifs sur lesquels ils comptaient pouvoir se rembarquer avaient été écartés par une rafale; il fallut se décider à traverser la ligne ennemie pour rentrer dans la place. Pleins de confiance dans leur intrépide capitaine, ils marchent toute la nuit sur un territoire couvert de piéges et d'embûches. Là ils combattirent des nuées de Cosaques; enfin, après avoir escaladé des retranchemens, franchi des barrières, ils rentrèrent dans la ville à huit heures du matin.

Pendant l'incendie de Dantzick, les assiégans s'étaient emparés de l'*avancée* des redoutes de Frioul. De Chambure demande à aller attaquer cette redoute, et pour lui, l'attaquer, c'était la reprendre. A la tête de ses cent invincibles, il se glisse au pied de la position, gravit les hauteurs, et se précipitant dans les palissades, se montre tout-à-coup à l'ennemi. Cent cinquante Russes sont passés au fil de l'épée, le reste est fait prisonnier. Les soldats qui prirent part à cette action ne voulurent d'autre récompense de leur courage que l'honneur de décorer leur compagnie du nom de leur capitaine.

De retour dans sa patrie, De Chambure combattit dans les rangs des braves qui, en 1815, se dévouèrent pour la défense du territoire.

FASTES DE LA GLOIRE.

Chasselat del. Ad. Godefroy direxit.

JAQUEMET, Colonel titulaire du 1er Régt d'Infie de ligne.

« Mes amis, s'écria-t-il, la position est à nous. »

XLIV.

Ils attaquaient toujours et ne fuyaient jamais

Entré au service en 1792, Jaquemet fit, avec distinction, les campagnes de la Belgique; il servit successivement sous les ordres des généraux Dumouriez, Custine, Houchard et Pichegru. Passé à l'armée de Sambre-et-Meuse, il se signala par sa bravoure, le 17 août 1796, à la bataille de Sulsback, où, à la tête d'une compagnie de grenadiers, il pénétra, sous une vive fusillade, dans un bois situé en avant de cette ville, et défendu avec la plus grande opiniâtreté par des grenadiers hongrois. Aussitôt qu'il les eut aperçus, il se précipita sur eux avec impétuosité, et alla chercher, en avant de sa troupe, deux soldats ennemis, qu'il désarma et ramena prisonniers.

Le 21 octobre 1805, au combat naval du cap de Trafalgar, le vaisseau *l'Aigle* ayant été abordé par deux vaisseaux anglais, qui parvinrent à jeter deux cents hommes sur sa dunette, Jaquemet, qui se trouvait embarqué sur ce vaisseau, et qui déjà était grièvement blessé, réunit quelques marins et quelques grenadiers, remonta sur le pont, et chassa l'ennemi à la baïonnette. *L'Aigle* ayant été forcé ensuite d'amener pavillon, cet intrépide officier subit le sort de l'équipage: mais il eut la consolation, dans cette circonstance, de sauver le drapeau de son bataillon qu'il rapporta, un mois après, à la 67.e demi-brigade, dans laquelle il était alors chef-de-bataillon.

A la bataille d'Esling, au moment où l'armée autrichienne se portait en masse contre Gros-Aspern, Jaquemet déboucha du village avec son bataillon, et le déploya sous le feu le plus vif de l'artillerie ennemie. Pendant que tous les corps repassaient dans le village pour aller prendre position, ce bataillon soutint seul tous les efforts des Autrichiens, et son chef ne se retira qu'après avoir reçu une balle dans la poitrine.

A Wagram, il se conduisit avec sang-froid, et fit admirer sa valeur. En 1810, il fut envoyé en Espagne, où il fit toute la campagne de Catalogne, et se conduisit avec la plus grande distinction. Le major Jaquemet, qui s'était déjà signalé plusieurs fois dans cette guerre, culbuta les bandes de Mina, le 11 octobre 1812. Quatre jours après, la division Abbé, se dirigeant sur Puente-la-Reina, ayant à sa droite un torrent dont les bords étaient escarpés, et à sa gauche une chaîne de monticules, fut inopinément attaquée sur plusieurs points à-la-fois, à peu de distance de Maniera. Trois bataillons ennemis, couchés sur le plateau au-dessus du village, à une demi-portée de la route, se montrèrent subitement, et firent sur la colonne, un feu d'autant plus terrible, que l'on n'avait pris aucune précaution pour s'en garantir. Les soldats surpris se jetèrent dans le village, dans le plus grand désordre; la confusion était à son comble : encore quelques instans, et la division subissait le sort des troupes du général Dupont à Baylen. Jaquemet se dévoua pour la sauver. Après avoir gardé quelque temps l'immobilité sur la route, où il examinait les positions de l'ennemi : « Camarades, s'écria-t-il, vous voyez ce plateau; » tout est perdu si nous ne parvenons à l'enlever ». Aussitôt il mit pied à terre, gravit la montagne au milieu des balles, arriva sur le plateau avec trois cents soldats qui s'étaient décidés à le suivre, attaqua l'ennemi avec impétuosité, et, après un combat des plus sanglans, il enleva de vive-force le point le plus important de la position. Quinze cents hommes de la division, enhardis par ce succès, se joignirent à lui; à l'aide de ce renfort, il reprit l'offensive, et poursuivit Mina à plus de deux lieues du champ de bataille, en lui faisant éprouver une perte considérable en morts et en blessés.

Le 15 mai 1815, la division Abbé étant allée à la recherche de l'ennemi dans les hautes montagnes de Roncal, le rencontra de nouveau sur un magnifique plateau, où il occupait une position de l'accès le plus difficile. Le général Abbé, parvenu, en repoussant des tirailleurs espagnols, jusqu'à deux portées de fusil de cette position, hésitait à l'attaquer, lorsque Jaquemet arriva avec environ mille hommes des 52.e et 105.e régimens de ligne. « Je vous attendais, lui dit le général » en l'apercevant; je compte sur vous pour débusquer » l'ennemi ». Mina avait avec lui trois mille hommes, dont une partie était formée en colonne; le reste était déployé, et offrait l'aspect d'un croissant ouvert. Jaquemet détacha deux compagnies de voltigeurs, avec ordre de se glisser, en escaladant les rochers, sur les flancs de l'ennemi, et d'opérer ainsi une diversion; au même instant, il fit battre la charge, et marcha directement sur le centre de la ligne de Mina. Le terrain était difficile; les Espagnols opposaient une vigoureuse résistance, et faisaient un feu bien nourri. Jaquemet eut son cheval tué sous lui en gravissant la montagne; cependant, après des efforts incroyables, il parvint sur le plateau, à la tête du premier peloton de grenadiers. Élevant son schakos sur la pointe de son épée, il fit entendre le cri d'enthousiasme des jours de victoire : « Mes amis, s'écria-t-il, la position » est à nous ». En-même-temps il remonta à cheval, et se mit à la poursuite des fuyards.

FASTES DE LA GLOIRE.

GOULEY, Lieutenant de Grenadiers au 69.e Régiment de ligne.

« Halte-là, prisonniers. »

XLV.

> À la guerre, c'est l'audace qui fait des miracles.
>
> BONAPARTE.

Gouley fut cité en Espagne comme un des plus intrépides officiers de l'armée.

Le 5 mai 1811, à Fuente-de-Onara, le 69.e régiment marchait en bataille pour charger l'ennemi, qui, embusqué dans un bois et derrière des murs, l'écrasait du feu de sa mousqueterie, lorsque le lieutenant Gouley se précipita sur un poste avancé, composé d'Écossais, et les força à prendre la fuite après avoir fait deux prisonniers.

Le 25 juin 1813, près Tolosa, au moment où le 69.e régiment était attaqué par toutes les forces réunies de l'armée d'Espagne, le lieutenant Gouley, qui se trouvait à plus de cent cinquante pas de la ligne de bataille, fut coupé et enveloppé de toutes parts par un régiment écossais. Quoiqu'il n'eût avec lui que vingt hommes, dont la plupart étaient blessés, il prit la résolution de mourir plutôt que de se rendre; répondit aux sommations du commandant anglais, par une charge à l'arme blanche, et se précipitant sous le feu le plus meurtrier, il parvint à ramener dans Tolosa son détachement, dont il n'avait pas perdu un seul homme.

Gravement blessé d'un coup de feu pendant l'action, cet intrépide officier ne voulut pas quitter le champ de bataille qu'il n'eût mis tout son monde en sûreté; il rentra alors le dernier dans la ville, dont il ferma lui-même les portes à l'ennemi, et jeta les clefs dans la rivière.

Le 10 décembre 1813, Gouley, marchant toujours avec son régiment, qu'incommodaient les balles de l'ennemi caché derrière des retranchemens, court en avant, dépasse promptement les voltigeurs les plus avancés, et arrive seul au pied de la redoute d'où partait un feu si terrible. Sans hésiter, il saisit le canon du fusil d'un Espagnol, et saute par-dessus le retranchement. L'ennemi, épouvanté, fait un demi-tour; Gouley se jette au-devant d'un groupe qui veut fuir, et l'épée à la main, il s'écrie : « Halte-là, prisonniers. » — Non, pas prisonniers, lui répond un soldat portugais, en lui portant un coup de baïonnette; Gouley, » qui a esquivé le coup, saisit le fusil avec la main gauche, et enfonce son épée toute entière dans le corps » du Portugais ». Au même instant, un Espagnol le couche en joue, et perce d'une balle son schakos; sans lui donner le temps de recharger son arme, Gouley fonce sur lui, et lui fait éprouver le même sort qu'à son camarade. Effrayés de tant d'audace, treize Espagnols se rendent prisonniers avec armes et bagages, et cet officier les fait marcher devant lui jusqu'à ce qu'ils soient arrivés près des voltigeurs, qui les conduisirent alors au 69.e régiment.

Cinq officiers anglais, placés à quelque distance de leur troupe, cherchaient à les réunir. «Ces cinq officiers » nous appartiennent, dit le lieutenant Gouley à l'officier Marcel qui commandait les voltigeurs; mon ami, » suivez-moi, et ils sont à nous ». Ils se précipitèrent aussitôt sur eux, les attaquent avec vigueur; trois d'entre eux, après une opiniâtre résistance, se rendent prisonniers au brave Marcel, qui les remet entre les mains de ses soldats. Pendant ce temps, Gouley combat contre les deux autres, qui se défendent avec fureur, mais qui finissent également par déposer leurs armes.

En 1815, Gouley, qui faisait partie du corps d'armée commandé par le maréchal Grouchy, quitta la Belgique deux jours après l'ennemi, et arriva assez tôt à Paris pour prendre part à sa défense. Cet intrépide officier, qui a plusieurs fois versé son sang pour la patrie, déploya la plus grande valeur au combat d'Issy, où il fut encore atteint d'un coup de feu à la main droite.

FASTES DE LA GLOIRE.

Chasselat del. — Ad. Godefroy direxit.

GERARD, Capitaine Aide de Camp.

« En avant s'écrie-t-il : »

XLVI.

L'Enthousiasme, enfant de la Victoire!

A la bataille de Polotsk, Gérard étant capitaine aide-de-camp du général Pouget, se trouvait à la tête de la colonne d'attaque, au moment où une grêle de mitraille lancée par neuf bouches à feu, portait la mort dans nos rangs, et semblait devoir mettre un obstacle à l'impétuosité française. Ce brave officier, apercevant de l'hésitation parmi nos troupes, se saisit du fanion rouge du 124.e régiment, et affrontant tous les dangers, il se porte au galop à plus de cent pas de la ligne : « Camarades, en avant », s'écrie-t-il. Alors les soldats, électrisés par un pareil dévouement, répondent par le cri d'enthousiasme des jours de bataille, croisent la baïonnette, se lancent au pas de course sur l'ennemi, le culbutent, enlèvent sa position, et s'emparent de la batterie, sur laquelle cet officier avait déjà planté son étendard.

Après s'être encore fait remarquer par des traits de bravoure aux combats de Nogent et de Mormand, Gérard, que sa conduite distinguée et ses talens militaires avaient fait élever au grade de chef-de-bataillon, reçut de Bonaparte, en 1814, le commandement de la place de Soissons, où le brave général Rusca avait perdu la vie. Gérard créa, pour ainsi dire, les remparts et la garnison de cette place, qui jusqu'alors avait été sans importance; mais ces remparts étaient encore accessibles de tous côtés, et cette garnison, composée de convalescens, d'isolés, et même de déserteurs, présentait à-peine un effectif de deux mille cinq cents combattans : tel était l'état de Soissons, lorsque le corps de Bulow, fort d'environ vingt mille hommes, avec cinquante pièces de canon, vint en former l'investissement. Le 19 mars, Bulow envoya d'abord des parlementaires au commandant. Le jeune Gérard leur répondit: « Je n'aurai de correspondance » avec votre chef qu'à coups de canon ». Le général Bulow, irrité de cette réponse, démasqua des batteries, et remplit la ville d'obus et de boulets rouges, en-même-temps qu'il tenta des attaques de vive-force sur les portes; mais partout il trouva les Français à leur poste. Le peu de succès de ces attaques le décida à les convertir en attaques réglées. Dans la nuit du 22 au 23, il ouvrit la tranchée; mais le commandant ordonna une sortie qui la détruisit, et fit un grand nombre de prisonniers. A la rentrée des troupes, la garnison se trouvant réunie, Gérard saisit le drapeau d'un bataillon victorieux : « Soldats, leur dit-il, » l'armée a les yeux sur vous; nous couvrons la » capitale de l'Empire : jurons sur ce drapeau de

» justifier la confiance du Souverain, en défendant » jusqu'à la mort le poste d'honneur où il nous a » placés ».

La garnison et les habitans prononcèrent le serment avec enthousiasme. Chaque jour il y eut une sortie, et Bulow, après neuf jours de tranchée ouverte, et la perte de huit à neuf cents hommes, fut obligé de convertir le siége en blocus.

La circonspection et la lenteur présidaient aux opérations de la grande armée des alliés. L'idée de combattre sur le sol de leur propre patrie les vainqueurs d'Austerlitz, d'Iéna, de Friedland, inspirait aux ennemis un sentiment de timidité et de crainte. Cette dernière campagne, où Napoléon luttait avec une poignée d'hommes contre des armées nombreuses et formidables, est sans contredit la plus belle qui ait signalé ses étonnans travaux guerriers. L'adversité avait agrandi son génie.

FASTES DE LA GLOIRE.

D'ARNAUDAT, Sous-lieutenant.

« Me prends-tu pour un Russe ? »

XLVII.

Il préfère mourir plutôt que de se rendre.

L'EMPIRE était envahi de toutes parts. L'étoile du chef avait pâli. Les Alliés marchaient sur Paris; chaque jour ils en approchaient davantage. Dans le même moment, l'armée anglo-espagnole s'était avancée jusqu'à Bordeaux. Des prodiges de bravoure signalaient encore la présence des débris de l'armée française, qui avait vaincu l'Europe et fait trembler le Monde. Au milieu de tant de périls, Napoléon faillit plus d'une fois périr sous la lance d'un Cosaque. En le voyant s'exposer ainsi, les soldats murmuraient. « Ne craignez rien, leur disait-il, le boulet qui me tuera n'est pas encore fondu ».

Après la journée de Craonne, les Russes furent harcelés jusqu'à Laon. Cette ville, que Napoléon avait négligé d'occuper, est située sur un plateau élevé, inabordable par son escarpement : c'était là que les alliés avaient placé leur entrepôt; c'était aussi de là que, répartis sur les hauteurs qui dominent la plaine, et formant une ligne qui s'étendait depuis Laneuville jusqu'à Athies, ils se disposaient à accepter la bataille. L'attaque fut terrible, et malheureusement le résultat ne répondit pas à notre attente.

C'était le 9 mars 1814 : le jeune d'Arnaudat, sous-lieutenant aux chasseurs-flanqueurs de la garde, et fils du général de ce nom, eut ordre, dans cette mémorable bataille, de se porter à la tête d'un détachement, composé d'un sous-officier et de vingt flanqueurs : à peine fut-il en présence de l'ennemi, que le maréchal Ney lui cria de se jeter dans un bois qui était à sa gauche, et qui le séparait de la division du général Charpentier. EN AVANT ! commande d'Arnaudat à sa petite troupe, et il s'avance le premier dans le bois, où il tombe tout-à-coup au milieu d'un groupe de cavalerie russe qui s'y trouvait embusqué. Plusieurs flanqueurs sont renversés. D'Arnaudat, enveloppé de toutes parts, est bientôt séparé de son détachement; mais son courage ne l'abandonne pas : décidé à faire une vigoureuse résistance, il s'adosse à un arbre, où son caporal, quoique atteint au genou d'un coup de feu qui l'avait mis hors de combat, vient le rejoindre en se traînant jusqu'à ses pieds. « Rendez-» vous; il ne vous sera fait aucun mal, leur crie en » français l'officier qui commandait l'embuscade. — » Ne vois-tu pas que j'ai le sabre à la main, lui » répond d'Arnaudat; me prends-tu pour un Russe? » Va, tu n'auras pas bon marché de ma vie ». Cet intrépide officier sabre alors tout ce qui ose l'approcher; il détourne avec sa main les lances des Cosaques, et une grêle de balles ne le fait pas trembler. Le maréchal Ney, entendant le bruit des décharges redoublées contre d'Arnaudat, s'adresse aux chasseurs de la garde impériale, et leur dit : « Camarades, sauvez ces braves ». Il était loin d'imaginer que les Russes n'eussent affaire qu'à un seul homme. Les chasseurs arrivent en toute hâte, et sont tout étonnés de ne voir auprès d'un arbre que le caporal baigné dans son sang, et l'officier, qui, le pied fracassé par un coup de pistolet, la cuisse percée de deux coups de lance, et hors d'état de continuer à se défendre, bravait encore les insultes de toute une horde de sauvages, en couvrant de son corps son courageux compagnon, à qui il servait de bouclier.

Le sous-lieutenant d'Arnaudat et son caporal furent transportés à l'ambulance, où l'on leur promit que le jour même on ferait connaître leur admirable conduite à l'Empereur. Mais ces deux braves étaient grièvement blessés; et dans nos dernières guerres, on a eu malheureusement trop souvent l'occasion de remarquer que le guerrier mutilé n'était pas toujours assuré d'obtenir la récompense de son amour et de son dévouement pour la patrie.

Après le combat de Saint-Dizier, Napoléon essaya de se jeter sur les derrières de l'ennemi, pour l'entraîner à sa poursuite, et le forcer à rétrograder. Cette faute lui coûta l'empire : les deux corps d'armée trop faibles qu'il avait laissés pour couvrir la capitale, furent successivement défaits. Paris, après une défense héroïque, capitula. Napoléon fut obligé d'abdiquer; il obtint l'île d'Elbe en souveraineté.

FASTES DE LA GLOIRE.

Ad. Godefroy direxit

NEY, Maréchal de France.

« Camarades, s'écria-t-il, la victoire dépend de vous. »

XLVIII.

Le destin de l'État dépendit d'un moment.

Napoléon, confiné à l'île d'Elbe, observait l'agitation des esprits. Il apprit que le congrès de Vienne se disposait à le faire enlever, pour le transporter à Sainte-Hélène. Il s'embarqua, avec environ douze cents hommes, et descendit à Cannes en Provence, le 1.er mars 1815. Vingt jours après, il s'était ouvert un passage jusqu'à Paris.

Il venait ainsi de jeter le gant à l'Europe : les Alliés mirent leurs troupes en marche dès le premier mai ; quatorze puissances allaient lutter contre la France. Elle se prépara à ce dernier et patriotique combat. Napoléon résolut de dissoudre la coalition par un coup de tonnerre. Le 15 juin, les armées étaient en présence.

Les premières attaques furent à notre avantage. La journée du 17, occupée à la poursuite de l'ennemi, avait été remarquable par plusieurs beaux faits d'armes. Le 18, à onze heures du matin, le temps s'étant éclairci, et la pluie ayant cessé, le général Reille engagea une canonnade contre le bois de Hougremont; le prince Jérôme, à la tête de sa division, réussit à s'emparer de ce poste, en fut déposté, et s'en rendit maître une seconde fois. Le château, que les Anglais avaient mis à l'abri d'un coup de main, offrit plus de résistance, et l'on se disposait à l'incendier, lorsqu'une colonne de cinq à six mille hommes, qu'on prit d'abord pour l'avant-garde du maréchal Grouchy, mais qu'on ne tarda pas à reconnaître pour celle de Bulow, parut du côté de Saint-Lambert. Aussitôt l'Empereur fit réitérer à Grouchy l'ordre de hâter son mouvement, tandis que le général Mouton, avec ses deux divisions, et la cavalerie du général Daumont, se portait sur la droite, afin de s'opposer aux Prussiens, dans le cas où le Maréchal n'arriverait pas à temps.

Napoléon, ayant parcouru la ligne au milieu des plus vives acclamations, se plaça près de la ferme de la Belle-Alliance, d'où ses regards pouvaient s'étendre sur les deux armées. Le maréchal Ney, renforcé par des batteries de réserve, s'avança contre la Haie-Sainte, et quatre-vingts pièces de canon commencèrent le feu. Au bout d'une demi-heure, l'artillerie anglaise s'éloigna, les tirailleurs évacuèrent le vallon, et les masses s'abritèrent en arrière de la crête des hauteurs. Notre infanterie se porta en avant; les équipages de l'ennemi se précipitèrent en tumulte sur la route de Bruxelles; mais Wellington, sans rien changer à son ordre de bataille, se contenta de faire charger par sa cavalerie une colonne du général Drouet. Napoléon, s'apercevant que cette manœuvre produisait quelque désordre à sa droite, s'y porta au galop. Le combat fut aussitôt rétabli; les cuirassiers du général Milhaud firent un grand carnage de l'élite des troupes anglaises. La canonnade continua avec fureur, et une seconde attaque à la Haie-Sainte nous rendit maîtres de ce poste important.

Cependant le général anglais avait envoyé des troupes fraîches à Houguemont; le général Reille les reçut avec vigueur, leur tua beaucoup de monde, et parvint à brûler le château. Il était quatre heures et demie. On vint prévenir l'Empereur que Bulow débouchait par le bois de Frischenois, et que Grouchy ne paraissait pas encore. Mouton marcha contre les Prussiens, et repoussa leur première brigade; mais le reste du corps d'armée accourut pour les soutenir, déborda les Français, et prolongea son feu sur nos derrières, jusqu'à la chaussée, qui servait à tous les mouvemens de nos troupes.

Afin d'étendre sa ligne sur l'extrême gauche de Bulow, Napoléon fit avancer la jeune-garde, que commandait le général Duhesme : en-même-temps une division de réserve s'empara du village de La Haie, et coupa ainsi la communication entre les Anglais et les Prussiens. Il était six heures, et Grouchy n'arrivait pas. Le maréchal Ney, vivement attaqué à la Haie-Sainte, s'y maintint long-temps, malgré les efforts réitérés des Anglais. Emporté enfin par son ardeur, il sortit de sa position : « Camarades, s'écria-» t-il, la victoire dépend de vous; souvenez-vous que » ce sont des Anglais qui sont devant vous ».

On a prétendu que cet excès d'intrépidité du Maréchal, qui avait hâte d'en finir, lui fit commettre une faute. Gardons-nous de flétrir le dernier laurier que Ney ait pu cueillir. Le *brave des braves* avait cherché la mort sur le champ de bataille; elle ne voulut pas de lui ce jour-là : cette grande victime de la gloire était réservée à un autre sacrifice.

FASTES DE LA GLOIRE.

Le Baron CAMBRONNE, Maréchal de Camp.

« La Garde meurt; elle ne se rend pas. »

XLIX.

Le bataillon sacré, seul devant une armée,
S'arrête pour mourir.
Casimir Delavigne.

Le mouvement que Ney venait d'opérer força l'armée à quitter sa position pour le soutenir. Les cuirassiers de Kellermann se portèrent ou galop sur l'ennemi, aux cris de *vive l'Empereur!* Cette manœuvre rassura la contenance des troupes : le feu des Prussiens cessa sur nos derrières et rétrograda peu-à-peu. A six heures et demie, nos soldats s'avancèrent, et l'on entendit enfin la canonnade lointaine de Grouchy. Napoléon, se croyant débarrassé des Prussiens, veut profiter de l'inaction à laquelle ils sont réduits; sans perdre de temps, il fait ses dispositions pour enfoncer le centre de son adversaire : infanterie, cavalerie, artillerie, il accumule tout sur ce point, et faisant avancer sa garde, il se porte lui-même en avant, et donne le signal de l'attaque. De part et d'autre, on se bat avec le courage du désespoir; le carnage est horrible. Les destinées des deux armées sont en suspens; mais nos soldats redoublent de fureur; les Anglais montrent de l'hésitation. « Dans cet état de choses, » dit la relation officielle, la bataille était gagnée; » nous tenions toutes les positions que l'ennemi oc- » cupait au commencement de l'action; notre cava- » lerie ayant été trop tôt mal employée, nous ne » pouvions plus espérer de succès décisifs; mais le » maréchal Grouchy, ayant appris le mouvement du » corps prussien, marchait sur les derrières de ce » corps; ce qui nous assurait un succès éclatant pour » la journée du lendemain ».

Un incident imprévu enleva à nos troupes un si glorieux triomphe. Toute l'armée prussienne, que l'on supposait éloignée du champ de bataille, vint se précipiter sur notre aile droite. Les colonnes assaillies, trop faibles pour résister au choc, sont obligées de se replier; pour les soutenir, il faut diviser nos forces. La vieille-garde s'ébranle : son aspect a souvent fait fuir les phalanges ennemies. Elle est calme; mais son sang-froid rend sa valeur plus terrible. La jeune-garde charge en-même-temps sur les batteries anglaises; tout ploye devant elle, quand, sabrée à son tour par les escadrons anglais, elle se replie précipitamment. La nuit avait commencé; quelques régimens suivent le mouvement rétrograde; le bruit se répand que la vieille-garde a été culbutée : l'épouvante gagne de proche en proche; elle s'étend à toute la ligne; les cris : *Tout est perdu! Sauve qui peut!* se font entendre; les rangs se décomposent et le désordre est à son comble; dans un instant, l'armée ne fut plus qu'une masse confuse.

Wellington, surpris de ce retour de fortune, étonné de voir fuir les vainqueurs, lâche sa cavalerie dans la plaine, et fait jouer ses nombreuses batteries sur la vieille-garde, qui marche au pas de charge. Les huit bataillons de la garde qui étaient au centre défendaient le terrain pied à pied. Wellington, touché de tant d'intrépidité, fit proposer à ces grenadiers de se rendre, ajoutant qu'ils seraient traités comme les premiers soldats du monde. La garde meurt, elle ne se rend pas, répond Cambronne.

Ces braves en effet périrent presque tous. Cambronne, atteint de plusieurs coups-de-feu, et tombé sans connaissance, fut trouvé par l'ennemi au milieu des morts. On ranima le reste d'une si précieuse vie; et la patrie revit le dernier des héros tombés pour elle.

Ce brave, après la mort de La Tour-d'Auvergne, avait été proclamé, par ses camarades, premier grenadier de France. Waterloo a prouvé qu'il avait accepté la succession.

FIN.

www.ingramcontent.com/pod-product-compliance
Ingram Content Group UK Ltd.
Pitfield, Milton Keynes, MK11 3LW, UK
UKHW021139260726
13994UKWH00001B/206

9 782329 345208